100件河南文物的中国史

—— 融媒体版 ——

王文析　著

海燕出版社

·郑州·

图书在版编目（CIP）数据

100件河南文物的中国史：融媒体版 / 王文析著. — 郑州：海燕出版社，2023.10
ISBN 978-7-5350-9321-9

Ⅰ.①1… Ⅱ.①王… Ⅲ.①历史文物–介绍–河南 Ⅳ.①K872.61

中国国家版本馆CIP数据核字（2023）第200280号

100件河南文物的中国史
100 JIAN HENAN WENWU DE ZHONGGUOSHI

出 版 人：李 勇　　　　　责任印制：邢宏洲
策划编辑：王茂森　　　　　责任发行：贾伍民
责任编辑：王茂森　　　　　装帧设计：蔡 彤
责任校对：吴 萌　郝 欣

出版发行：海燕出版社
　　　　　地址：河南自贸试验区郑州片区（郑东）祥盛街 27 号
　　　　　网址：www.haiyan.com　邮编：450016
　　　　　发行部：0371-65734522　总编室：0371-63932972
经　　销：全国新华书店
印　　刷：中华商务联合印刷（广东）有限公司
开　　本：889毫米×1194毫米　1/16
印　　张：16
字　　数：200 千字
版　　次：2023 年 10 月第 1 版
印　　次：2023 年 10 月第 1 次印刷
定　　价：168.00 元

如发现印装质量问题，影响阅读，请与我社发行部联系调换。

序言 Prologue

　　"莲开百载歌盛世，鹤舞千秋谱华章。"新郑李家楼郑公大墓出土青铜文物一百年纪念大会刚刚闭幕，还未仔细欣赏由河南博物院与中国邮政集团河南省分公司等单位联合发行的《莲鹤方壶出土100周年》精美纪念邮折，《100件河南文物的中国史》又将付梓出版，真是好事连连，喜庆多多呀！

　　大家知道，在河南文博界有一句传统的说法："先有郑公大墓，后有河南博物院。"这句话就高度概括了郑公大墓对于河南文博事业的重要意义，正是这批新郑出土的青铜器奠定了河南博物院近百年的基业。早在抗日战争之前，就因为河南博物馆拥有大量珍贵文物而在中国博物馆界享有盛名，当时曾有这样的评论，"统中国博物馆所藏物品，除故宫博物院外，河南博物馆堪居第二之位置"。同时也涌现出了以关百益等为代表的一批具有较高研究水平的学者。此后的情况大家熟知，随着时局的动荡，作为当时河南唯一的博物馆，河南博物馆走上一条坎坷之路，名存实亡，一直到新中国成立后，在党和政府的大力支持下，才重整旗鼓，渐复元气。

　　如今的河南博物院有馆藏文物17万余件（套），尤以史前文物、商周青铜器、历代陶瓷器、玉器及石刻最具特色，精品多，种类全，品位高，价值大，仅国家一级和二级文物就有5000多件，它们是见证中华文明起源、展示中国历史发展的文化艺术瑰宝。

　　有人说"一部河南史，半部中国史"，如果从这层意义而言，那么完全可以说"一座博物院，半部华夏史"。河南博物院以其丰富的文物藏品和厚重的馆藏文化，向世人诠释了中原文化是中华文化的主根脉，中原文化史就是中华文明史的缩影！

　　本书作者从河南博物院等博物馆的藏品中精心挑选出最具代表性的100件河南出土文物，这批文物涵盖了从史前到文明时期的各个阶段，从原始社会的陶器、石器和骨器到商周时期的玉器、青铜器，从汉代的陶阁楼、金缕玉衣到唐宋时期的三彩、瓷器和人物雕砖，明清时期的书画刻帖作品，等等。这里面既有大的国之重器，也有小的民生用器；既有众所周知的河南博物院的九大镇馆之宝，也有大家以前很少关注但自身有特点、背后有故事的小众文物。作者不仅详尽介绍了每件文物的大小尺寸、形态特征以及制作工艺，而且还结合典籍文献、神话传说和考古资料等，还原了文物的出土地点、人物关系及其历史背景，并利用现有的研究成果对其具有的艺术价值、科学价值和历史价值进行了客观的评价，真正做到了让读者对文物"知来处，明去处"。

习近平总书记指出："让收藏在博物馆里的文物、陈列在广阔大地上的遗产、书写在古籍里的文字都活起来。"各地文博部门都在加强文物保护利用和文化遗产传承的基础上，注重文物价值的挖掘阐释，提高文物展示的传播水平。《100 件河南文物的中国史》就是在这样的背景下，精心策划，匠心独运，深入挖掘文物藏品所蕴含的主题思想、道德理念、人文精神和价值观念，从而讲好中国故事，让文物活起来！

八千年的骨笛在耳边吹响，五千年的彩陶在眼前绽放，三千年的仙鹤在空中飞翔，一千年的猎手在信马由缰……100 件极具中原特色又能让读者读懂中国的文物翘首以盼，来吧！朋友，还犹豫什么？我在河南博物院等您！

是为序。

2023 年 8 月于郑韩故城

目录 Contents

25 亿年前，华北、扬子古陆块形成。

18 亿年至 5.43 亿年前，地壳慢慢变平。

3.6 亿年前，受喜马拉雅运动的影响，黄河上、中游迅速抬升，形成由西向东降低的阶梯状地形，华北平原下沉为最低的第三台阶。

6500 万年前，印度板块向欧亚板块俯冲，形成山西高原和华北平原。

远古时期中原的地形地貌，西高东低，山地、平原、丘陵逐渐形成……

新生代喜马拉雅运动塑造出中国自西向东三大阶梯的地貌格局，黄河约有 150 万年孕育发展的历史，先后经历过若干独立内陆湖盆水系的孕育期和各湖盆水系逐渐贯通的成长期，最后形成一统的海洋水系。

随着中原地区辐射状水系网，黄河水系、淮河水系、卫河水系、汉水支流等水系的形成，河南的生态环境经历了沧海桑田的变迁，并在旧石器时期形成了温暖湿润的森林草原的生态环境，为哺乳动物的繁育生长提供了适宜的条件。

原始社会

（距今约 10000—4000）

原始人群走出山林，来到平原。我国境内曾经活动过的原始人群有元谋人、北京人、山顶洞人、蓝田人等，这些原始人群的遗址遍布在北起辽宁，南及云南，西至陕西，东到安徽的广大地区，而以沿黄河、长江两大河流域分布最为密集。

四方垴
1656.3
洪岩遗址　安阳
鹤壁◎　　◎濮阳
花窝遗址
茱萸峰
1297.6
天坛山　焦作◎　　◎新乡
1711.3
小浪底水库
寨根遗址　瓦窑嘴遗址　水地河遗址　◉郑州　◎开封
三门峡水库　铁生沟遗址　李家沟遗址　沙窝李遗址
三门峡　　洛阳　马良沟遗址　裴李岗遗址　商丘◎
老鸦岔　　　　莪沟北岗遗址　唐户遗址
2413.8　　　　　石固遗址　方城遗址
中山寨遗址　　　◎许昌
水泉遗址
薛家岭遗址　　大岗遗址
玉皇极顶　平顶山　湖南郭遗址　付庄遗址
2153.1　贾湖遗址　　周口
阿岗寺遗址　漯河◎
大张庄遗址　　高岳集遗址
南阳◎　驻马店◎
丹江口
水库　　郭家遗址
淮　河
◎信阳
报晓峰　南山嘴遗址　霸王台遗址
768.0

裴李岗文化分布图

Map of the Peiligang Culture Distribution

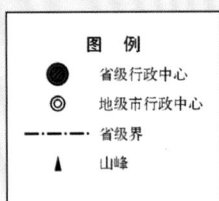

图　例

● 省级行政中心

◎ 地级市行政中心

━·━·━ 省级界

▲ 山峰

审图号：GS(2019)3333号

　　位于中原地区的裴李岗文化因最早发现于新郑市裴李岗而得名，距今约9000～7000年。这一时期我国的先民们已开始在中原地区定居，裴李岗遗址是中原地区发现较早的新石器时代早期文化遗存，当时处于以农业、畜禽饲养业和手工业生产为主，以渔猎业为辅，从频繁迁居到逐水而居、春种秋收的原始氏族社会。

1. 石磨盘、石磨棒

名　　称：石磨盘、石磨棒
时　　期：裴李岗文化
尺　　寸：石磨盘长 68 厘米、高 6 厘米，石磨棒长 58 厘米
现藏地：河南博物院

　　石磨盘、石磨棒，裴李岗文化时期石器，石磨盘长 68 厘米、高 6 厘米，石磨棒长 58 厘米，1978 年 5 月在河南新郑市裴李岗遗址出土，现藏于河南博物院。

　　裴李岗遗址是裴李岗文化的典型代表。裴李岗遗址位于新郑市西北约 8 千米的裴李岗村，遗址文化堆积东西长约 300 米，南北宽约 250 米，总面积 5 万～6 万平方米。20 世纪 70 年代末曾进行过 3 次发掘，发现了文化层、公共墓地以及少量灰坑及陶窑，其中墓葬 114 座、灰坑 22 个、陶窑 1 座，清理出土了磨制石器、陶器、骨器和装饰品等。典型器物有小口双耳壶、三足壶、三足钵、深腹罐、鼎、碗、钵、石铲、石镰、石磨盘、石磨棒及绿松石、石珠、骨笄（jī）等。另外还发现有猪、羊、鹿和其他小动物骨骼，以及梅核、酸枣核、核桃壳等。2020 年，中国社会科学院考古研究所等单位又对该遗址进行了主动性发掘，发现了距今 3 万年左右的旧石器

晚期遗存，从而大大提升了裴李岗遗址的内涵和地位，为研究中原地区新旧石器过渡、寻找新石器早期遗存提供了新的线索。

　　裴李岗遗址出土的器物中最有特色的就是石磨盘和石磨棒了。它们是裴李岗文化时期使用的一种谷物加工工具，分别叫"磨盘""磨棒"，因为是石头做的，所以也被称作"石磨盘"和"石磨棒"。石磨盘及石磨棒均是由整块砂岩质石块经过琢制而成的，有明显的使用痕迹。石磨盘整体为履底形，盘面坦平呈椭圆形，两端为圆弧状，前端宽，后端略窄，腰部由前至后渐收；下部凿有四个柱形足，表面经过打磨，平整光滑。石磨棒近圆柱体，中间稍细，两端略粗，便于把握。

　　石磨盘和石磨棒可能是目前所知最早的谷物加工工具。谷物收割完之后，人们把谷物放在石磨盘上，再用圆钝的石磨棒研磨，使谷物的壳和谷粒相互分离，去掉谷物的壳，剩下的就是谷粒了。

　　石磨盘和石磨棒是裴李岗文化时期的典型器物。这套石磨盘及石磨棒，由于器体完整硕大，又是科学发掘品，因此可用来作为断代的标准器物。它的出土，对于研究原始社会生产力的发展与生活状况提供了珍贵的实物资料。

2. 贾湖骨笛

名　称：贾湖骨笛

时　期：裴李岗文化

尺　寸：笛身长 23.6 厘米，直径最宽处 1.1 厘米

现藏地：河南博物院

这是一支来自 8000 年前的笛子，以鹤类禽鸟尺骨钻孔制作而成，故称"骨笛"。

贾湖骨笛，因出土于河南舞阳贾湖遗址而得名，现藏于河南博物院。笛身长 23.6 厘米，直径最宽处 1.1 厘米，器物整体呈褐色，因石化而通体光滑晶莹。

笛身有七孔，可以演奏出近似七声音阶的乐曲。由于骨管粗细不一易产生音差，故在七孔旁开小孔进行校音。

骨笛在出土时断为三截，每一断裂处均有多个缀合孔，说明它折损后曾被精心修复，可见主人十分珍爱。这是迄今为止中国发现的时代最早、保存最为完整的管乐器。贾湖骨笛的发现，改写了中国音乐的起源时间和历史。

悠远的笛声穿越而来，诉说着先民对生命的敬畏和对生活的向往。让我们在现代旋律和骨笛声的美妙结合中，与古人一同享受劳作后的喜悦和丰收的狂欢吧！

器身捏塑的扁圆锥状乳钉

3. 乳钉纹红陶鼎

扫码观看视频

名　称：乳钉纹红陶鼎

时　期：裴李岗文化

尺　寸：高 22 厘米，口径 23 厘米

现藏地：河南博物院

新石器时代的重要特征是出现了农耕生产，原始种植业给人类提供了比较稳定的粮食供应，改变了先民的饮食结构，催生了先民对炊煮类器具的需求。

乳钉纹红陶鼎，裴李岗文化时期器物，高 22 厘米，口径 23 厘米，1977 年在河南新郑市裴李岗遗址出土，现藏于河南博物院。器身形如深腹圜底盆，敞口薄胎，内壁留有泥条盘筑的痕迹。口沿下约 3～11 厘米处捏塑三排扁圆锥状乳钉，下排现存 12 枚，中、上排现存各 10 枚。由于年代久远，乳钉的用途目前还不明确，推测可能有增加美感、便于把持、加固器身或增大受热面积等作用。器身下有三个长方形足，构成稳定的三角支撑，也便于平地起灶时在鼎下添加薪火。陶鼎质地为夹砂红陶，这种质地既可增加透气性，又能增强其耐热性，使其在反复高温加热下不致发生崩裂。

乳钉纹红陶鼎是目前发现时代最为久远的完整陶鼎，为了解 8000 年前中原地区原始先民的日常生产和生活提供了重要线索，对探索新石器早期的陶器制作，乃至对中国饮食文化和鼎文化的起源研究都有重要意义。

▲四方垴
1656.3

大司空村遗址

后岗遗址　安阳

鹤壁◎　　◎濮阳

刘庄遗址　**大赉店遗址**　**西水坡遗址**

▲茱萸峰
1297.6

▲天坛山
1711.3

焦作　**颍城寨遗址**　◎新乡

洛丝潭遗址

小浪底水库

黄河

肖寺遗址　**秦王寨遗址**

点军台遗址

庙底沟遗址

仰韶村遗址　**妯娌遗址**　**清台遗址**

大河村遗址

三门峡　　**双槐树遗址**　**西山遗址**　◎开封

西坡遗址　　　　　◎洛阳

郑州

老鸦岔
2413.8

北阳平遗址

▲峻极峰
1491.7

王湾遗址

商丘◎

洛　河

唐户遗址

大张遗址

谷水河遗址

涡　河

中山寨遗址

◎许昌

阎村遗址

◎平顶山

▲玉皇极顶
2153.1

颍　河

漯河◎　　周口◎

沙　河

老坟岗遗址

丹江

茶庵遗址　**安国城遗址**

驻马店◎

下王岗遗址　南阳

白

茅草寺遗址

丹江口
水库

河

淮　河

◎信阳

▲报晓峰
768.0

仰韶文化分布图

Map of the Yangshao Culture Distribution

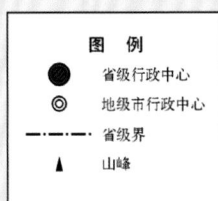

图 例

- ● 省级行政中心
- ◎ 地级市行政中心
- —·—·— 省级界
- ▲ 山峰

审图号：GS(2019)3333号

在漫长的生活岁月中，远古人类意外地从采集自然界中的火，到自主取火；从迁徙生活，到通过对自然的观察，开始了种植，学会了培育粟等农作物；从最初的狩猎，到对动物的驯化，并驯化了最早的猪。稳定的食物来源，使人类逐渐开始集中在江河的周围，逐渐开始长时间地定居，早期的农业聚落出现。

通过农业技术的不断提升，部落人群不断壮大。火的广泛使用，促进了制陶技术的发展，部族内部也有了不同的社会分工，聚落之间出现了生产技术的交流与传播，中原地区的文化对周边的部族都产生了一定的辐射力与影响力。

仰韶文化，发现于河南省渑池县仰韶村，为新石器时代中期文化遗存，距今约7000～5000年，处于母系氏族社会向父系氏族社会转变的重要时期。

4.鹳鱼石斧图彩陶缸

名　称：鹳鱼石斧图彩陶缸（也称"彩陶瓮"）

时　期：仰韶文化

尺　寸：高 47 厘米，口径 32.7 厘米

现藏地：中国国家博物馆

鹳鱼石斧图彩陶缸，也称"彩陶瓮"，仰韶文化时期彩陶器，高 47 厘米，口径 32.7 厘米，1978 年，在河南临汝县（今汝州市）阎村出土，现藏于中国国家博物馆，2003 年被国务院确定为 64 件不可出国展出的珍贵文物之首。

鹳鱼石斧图彩陶缸器形高大，为夹砂红陶，敞口，有圆唇突出，深腹平底，底部有穿孔，近口处有 4 个对称的鹰嘴形泥质突起，应是用以穿绳系挂。陶缸腹部所绘鹳鱼石斧最为珍贵，整幅图画面高 37 厘米，宽 44 厘米，是迄今所发现的我国新石器时代最大的一幅陶画艺术品。

全画内容是一只口衔大鱼的鹳鸟和一件带柄的石斧。石斧的斧柄是一根加工过的木棒，木棒顶端凿孔以安装石斧，在大孔的上下两侧各钻两个小孔将木柄和石斧牢固地捆缚在一起，又在木棒的下端手握处刻菱形细纹，并将末端刻成方木块以防手握操作时滑落。鹳鸟用白彩直接涂绘，通体洁白，唯眼睛用墨线和圆点画出，显得格外醒目。鹳鸟身体肥硕，细颈长喙，短尾高足，昂首挺胸。大鱼的描绘也是以墨线勾勒轮廓，并加填白彩，复以墨色点睛，以黑线绘出鱼鳃、尾鳍和背腹鳍。作者为了表示鱼的重量，有意使白鹳的体姿略微后倾，头颈高仰，以保持身体的平衡，表现了动态平衡的绘画效果，足见其对事物观察的细心。此画标志着我国新石器时代白衣彩陶艺术已经发展到鼎盛的阶段。

有专家认为，陶缸上的两种动物应该都是氏族的图腾，白色鹳鸟是死者本人所属氏族的图腾，鱼则可能是敌对联盟中支配氏族的图腾。陶缸主人必定是英武善战的首领，他曾高举那作为权力标志的大石斧，率领白鹳氏族和本联盟的人民，同鱼氏族进行殊死的战斗，并取得了决定性的胜利。画师用极其有渲染力的方式，把画幅设计得尽可能的大，选用了最强的对比颜色；把鹳鸟绘制得雄壮有力，气势高昂，用来歌颂本族人民的胜利；

把鱼画得奄奄一息，俯首就擒，用来形容敌方的惨败。为了强调这场战斗的组织者和领导者的作用，他描绘了最能代表其身份和权威的大石斧，从而给我们留下了这样一幅具有历史意义的图画。

另有专家认为，石斧是新石器时代人们普遍使用的生产工具。人们用石斧砍倒荆棘，开辟田地；用石斧防御猛兽袭击，保护自身安全。石斧在原始人征服、改造大自然的斗争中发挥了巨大的作用。自然，原始人对石斧产生了崇拜的心理，后来石斧演变成石钺，成为持有者身份和权力的象征。石斧巍然屹立在画面右边，斧刃朝向外边，形象威武，显示出巨大的威力，它已经成为氏族图腾，接受人们的顶礼膜拜了。画面上的鹳，是能给原始氏族带来欢乐、吉祥的益鸟。鹳衔着大鱼，虔诚地面对石斧，意味着向石斧奉献供品，祈求石斧保佑氏族平安、吉祥、欢乐、丰收。这幅彩陶画极有可能是原始氏族图腾崇拜礼仪场面的一个特写镜头。

总之，鹳鱼石斧图彩陶缸，其画幅面之大、技法之精、内容之丰富和深刻，都是同时代的其他绘画所不可比拟的。它既体现了史前先民借助巫术表达内心祈求的心理，也体现了中国史前绘画艺术把现实主义与浪漫主义相结合的创作思想。

扫码观看视频

5. 彩陶双连壶

名　称：彩陶双连壶
时　期：仰韶文化
尺　寸：高 20 厘米
现藏地：河南博物院

　　彩陶双连壶，新石器时代中期，高 20 厘米，在河南郑州大河村仰韶文化遗址出土，现藏于河南博物院。器物为泥质红陶，由两只形制相同的陶壶并列连接组成，敞口束颈，鼓腹平底，腹部连接处有一椭圆形口相通，两侧各饰一耳。壶身正反两面以红色打底，用黑彩绘制粗平行横线纹，横线纹中间以数组三条短竖纹装饰，一壶为垂直短竖纹，一壶为倾斜短竖纹，线条简单流畅，既对立又统一，使单调的几何纹富有变化和韵律感。此壶可能为饮酒用具，从造型上看并非生活用品，应是当时氏族结盟或举行重大庆祝活动时首领及长者对饮的酒具，是友好、团结、联合及爱情的象征。

　　行合趋同，千里相从。彩陶双连壶，来自泥土，历经水和火的交融，孕育出部落建交之和。6000 年，仿佛刹那间，村落成了国，线条成了画，古老民族的和平心愿，从未改变。

全身饰斜向绳纹

扫码观看视频

6. 红陶小口尖底瓶

名　称：红陶小口尖底瓶
时　期：仰韶文化
尺　寸：高 48.4 厘米，口径 4.2 厘米
现藏地：平顶山博物馆

　　红陶小口尖底瓶，仰韶文化时期典型水器，高 48.4 厘米，口径 4.2 厘米，现藏于平顶山博物馆。整体为泥质红陶，杯形小口，口沿处有折边，细颈深腹，尖底，全身饰斜向绳纹，质地坚实，制作精细。

　　尖底瓶为汲水器，使用时因其底尖容易入水，入水后由于浮力和重心关系瓶口自然向下，待水将满时，瓶身自动倒转，口部向上，搬运时又不易溢水。这些优点，说明了早在仰韶文化时期人类就熟练掌握了重力、浮力的科学原理。

　　小口尖底的设计，还有利于杂质的沉淀，容易形成密封的环境，利于容器内谷物的发酵，因此红陶小口尖底瓶还有可能是 7000 年前的酿酒工具。这个推断已经被证实。美国斯坦福大学的科研人员在河南仰韶村和西安米家崖等遗址仰韶文化时期出土的小口尖底瓶的残留物中，通过非损伤性、多学科综合分析的方法，分别获得了古代酿造啤酒和谷芽酒以及曲酒技术的证据。

四方垴
1656.3
安阳◎　八里庄遗址

大寒遗址

白营遗址
鹤壁　　　　◎濮阳

辛村遗址　　　马庄遗址

高城遗址

朱英峰
1201.6　　鲁堡遗址

庙街遗址　　李固遗址
小浪底水库　　焦作　　◎新乡

河　　黄

姐娥遗址

三门峡水库　　　小潘沟遗址　　马庄遗址　　◎郑州　　开封◎

三门峡　　王湾遗址　　◎洛阳　　　　　　　　鹿台岗遗址

铲李遗址　　　　峻极峰　　　　　段岗遗址　　　商丘◎
老鸦岔　　　三里桥遗址　　　　　1491.7

2413.8　　　　　　　　　　　　　　　　　　　　　营廓遗址　　造律台遗址

绿地遗址　　煤山遗址　　瓦店遗址　　◎许昌　　　　　　　王油坊遗址

栾台遗址

玉皇极顶　　　　　　◎平顶山
2153.1　　　　　　　　　　漯河◎　　周口◎

骨头冢遗址

下王岗遗址　　南阳　　　　驻马店◎　　台子寺遗址

丹江口
水库　　　　　　　　　　　刘备台遗址

皂角树遗址　　淮　河

◎信阳

报晓峰
768.0

龙山文化分布图

Map of the Longshan Culture Distribution

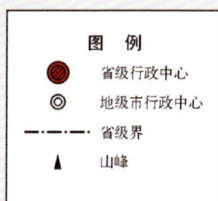

图　例

🔴 省级行政中心
◎ 地级市行政中心
—··— 省级界
▲ 山峰

审图号：GS(2019)3333号

居住房屋形式的变化也代表了人类发展的转变。从仰韶时期大河村长排房，到淅川下王岗单间、双间、套房，再到灵宝西水坡的大房子，无不说明着社会关系与社会分工发生变化造成了部族与地区发展的不均衡。部族间的交流也带来了聚落间的掠夺加剧，促进了部落外围的防御。郑州西山古城、青台遗址、双槐树聚落中城的防御，城垣的建造，更是展现了早期人类筑城进行防御的画面。

中原龙山文化是继仰韶文化之后在黄河中游发展起来的一种新石器时代晚期文化，距今约5000～4000年。此时的中原大地出现原始城址，这是文明产生的标志之一。丰富的文化内涵，展现出夏王朝建立以前，持续百年之久的"万国林立"的邦国时代，国家已现雏形。

7. 陶排水管道

扫码观看视频

名　称：陶排水管道
时　期：龙山文化
尺　寸：长 42.5 厘米，管壁厚约 1.2 厘米
现藏地：河南博物院

　　排水设施是伴随着定居生活的出现而出现的，是处理和排除城市污水和雨水的工程设施系统，是城市公用设施的组成部分。

　　陶排水管道，龙山文化时期器物，长 42.5 厘米，管壁厚约 1.2 厘米，1980 年在河南淮阳平粮台古城遗址出土，现藏于河南博物院。管道为加砂红陶胎，轮制而成，整体为直筒状，两端口部粗细不同。粗端口径约 34 厘米，为喇叭形敞口；细端口径约 27 厘米，腹部微束。两口皆有榫口，可以套接，通体装饰绳纹。陶制排水管道铺于一条北高南低的沟内，由三根管道组成，断面呈倒"品"字形，可容纳足够的排水量。整个管道北高南低，有一定坡度，易于城内污水向外排泄。

　　生活在 4000 多年前的先民们，在建设平粮台古城时，就已经学会使用陶质排水管道，将排水设施布置在地下，妥善地解决防御和交通以及排水之间的矛盾，体现了我国先民的高超智慧。

8. 白陶鬶

名　称：白陶鬶
时　期：龙山文化
尺　寸：高 22.5 厘米
现藏地：河南博物院

　　白陶鬶（guī），龙山文化时期陶器，距今约 5000～4000 年，高 22.5 厘米，1960 年在河南巩县（今巩义市）小芝田村出土，现藏于河南博物院。陶鬶，是用于烧水或盛酒、温酒的容器，最早见于大汶口文化，流行于龙山文化，在二里头文化中也有体现。白陶鬶为敞口，半管形流高仰，流与颈部有沿，沿下筒式深腹，腹下为三乳状袋足，足明显收缩。腹部与流对应一侧有半环形宽带鋬（pàn）手。通体为泥质白胎，素面磨光。白陶质地的鬶是该时期稀有类型，经 1200 摄氏度高温烧制而成，胎壁轻薄，质地坚硬，中空的袋足可以扩大受热面积，是当时制陶技术发展、进步的佐证。

　　《汉书•地理志》中记载"冀州鸟夷"，中国古代把中原以东的众部族统称为东夷。东夷族的先民以鸟为图腾，这件白陶鬶造型就像是一只展翅欲飞的鸟，颈部伸展，昂首啼鸣，将写实与抽象结合，将东夷人对鸟的崇拜，以及先民丰富的想象力表现得淋漓尽致。

　　白陶鬶在中原地区的出现，说明此时的中原先民在与众多文化交往融合的过程中，积极吸收养分丰富发展，使文明起源与形成时期的多元文化汇聚于此，为华夏文明的形成做出了卓越的贡献。

夏商

（约前 2070—前 1046）

夏代，中国历史上第一个奴隶制王朝，前后历经 400 余年。河南境内一系列具有王都规模的城址与大量文物的出土，揭开了夏代历史神秘的面纱。尤其是偃师二里头遗址的发现以及二里头文化辐射圈的形成，证明了夏王朝在中原建都的事实，表明了中原地区在早期国家形成阶段的重要地位。

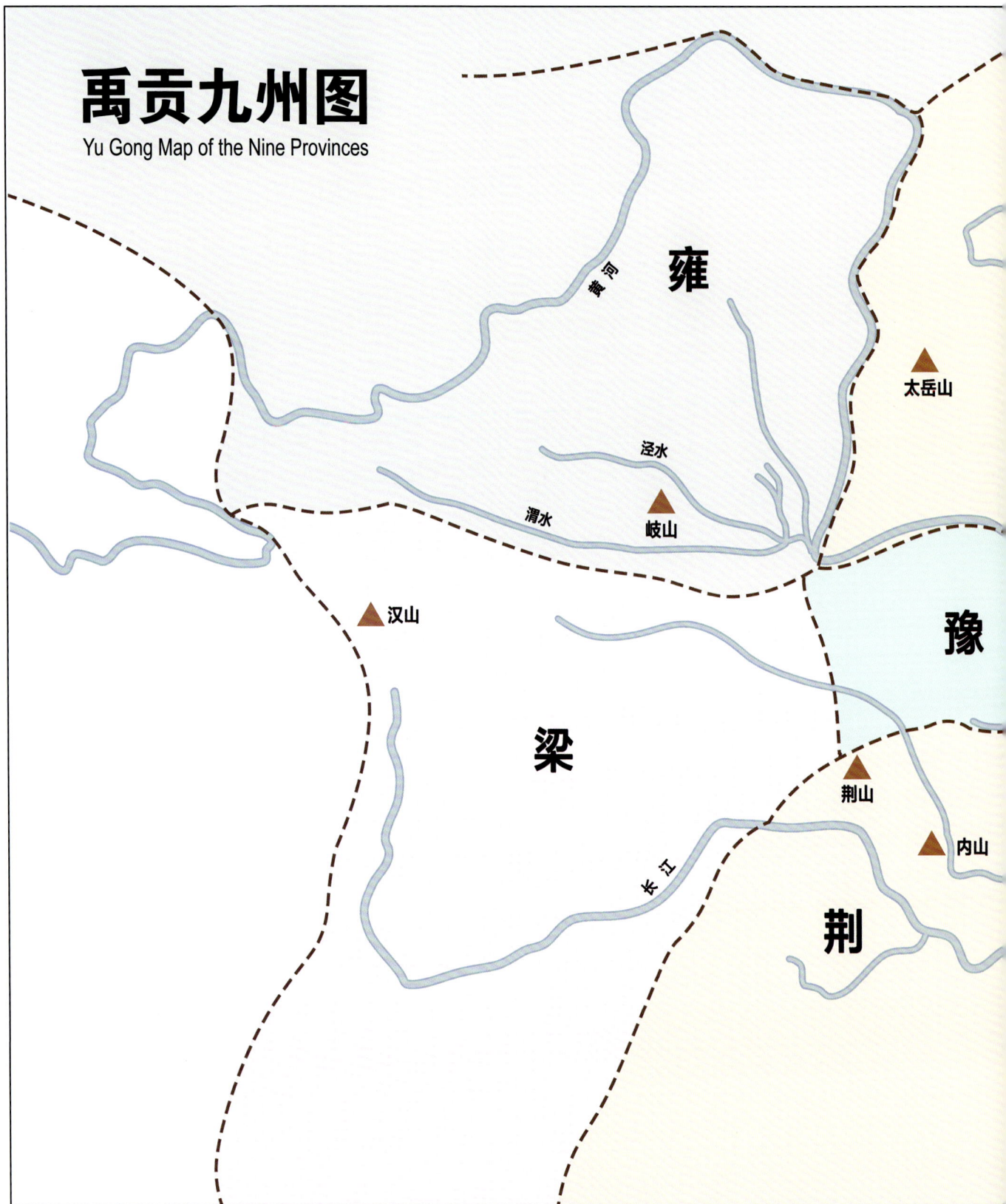

禹贡九州图

Yu Gong Map of the Nine Provinces

雍

黄河

泾水

渭水

岐山

太岳山

汉山

梁

豫

荆山

内山

长江

荆

冀

恒水

兖

渤海

青

岱山▲

徐

羽山▲

黄海

淮　水

北江

中江

震潭

南江

扬

　　远古时期黄河水患促进了部落的联盟，从血统联结到地域联结，大禹在伊洛、河济一带联合黄河流域各部落治理水患，通过治水、伐三苗等功绩成为部落联盟首领，将天下划分九州：冀州、雍州、豫州、青州、荆州、扬州、徐州、兖州、梁州。夏部族逐渐强大，启立国，夏王朝诞生，成为中国历史上第一个奴隶制王朝，前后历经400余年。

1. 网格纹铜鼎

名　称：网格纹铜鼎
时　期：夏
尺　寸：通高约 20 厘米，口径 15.3 厘米
现藏地：二里头夏都遗址博物馆

　　网格纹铜鼎，夏代青铜器，通高约 20 厘米，口径 15.3 厘米，1987 年在河南偃师二里头遗址出土，现藏于二里头夏都遗址博物馆。网格纹铜鼎为我们揭开了夏代青铜鼎的神秘面纱。

　　铜鼎造型朴素粗拙，器壁较薄，口折沿宽而平直，薄唇内加一周厚边，沿上立两个环形小耳，腹部较深，平底，底部有三个四棱空心锥形足，鼎腹外一周装饰阳线网格纹，纹饰线条不连贯，足部空心与器腹相通，足尖着地。器型整体较小，据推测已具有礼器功能。

　　网格纹铜鼎，制作工艺粗糙，纹饰简单，但其所代表的夏代青铜礼器在中国青铜发展史上处于承前启后的重要历史阶段，为商周青铜礼器制度的形成和发展奠定了坚实基础。

二里头遗址分布图

Map of the Erlitou site Culture Distribution

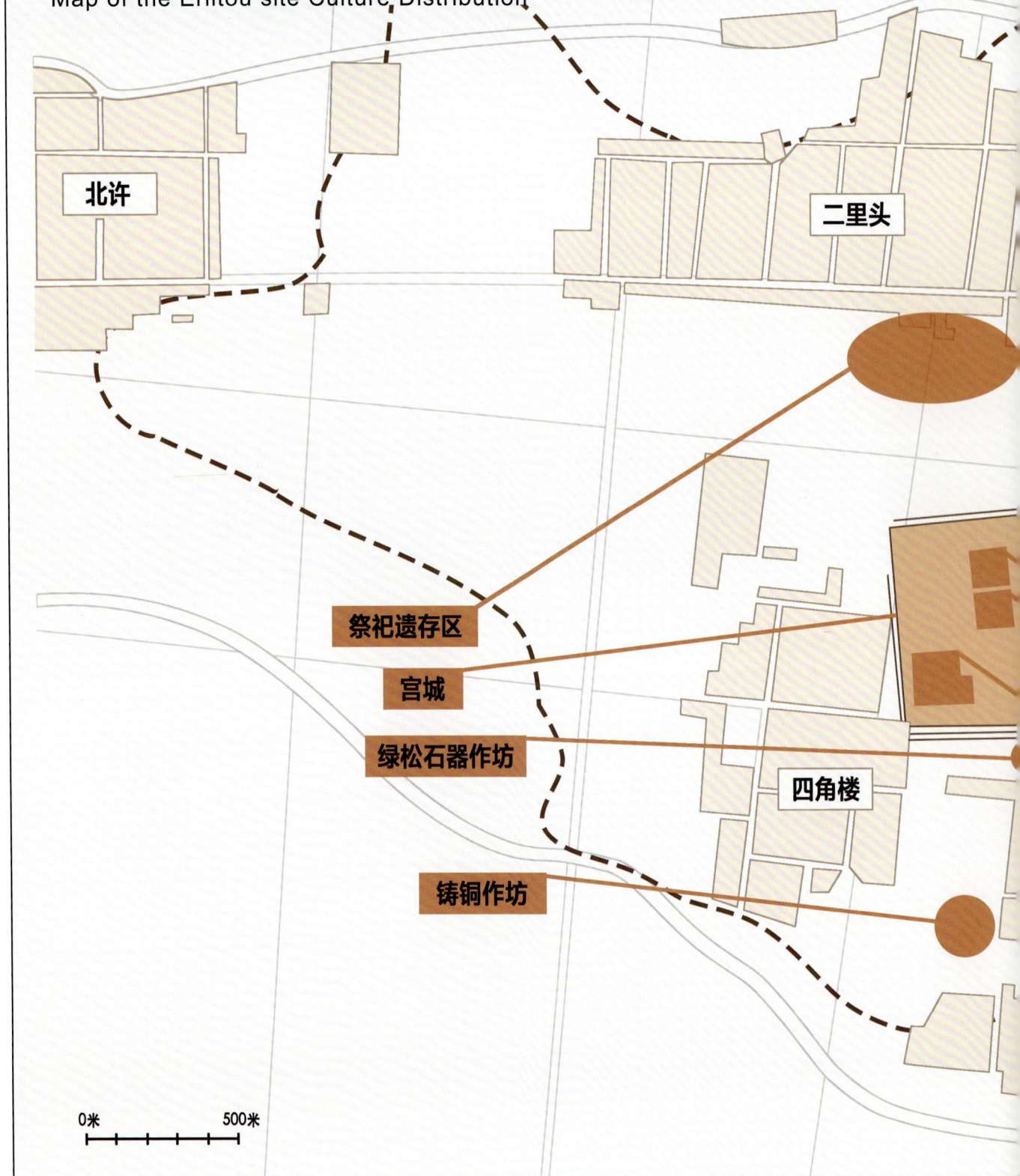

北许

二里头

祭祀遗存区

宫城

绿松石器作坊

四角楼

铸铜作坊

0米　　　　500米

北
圪垱头
6号基址
2号基址
1号基址
前李

二里头遗址是我国目前最早的王都遗址，也是中华文明探源工程首批重点六大都邑之一。遗址上最为丰富的文化遗存属二里头文化，其年代为距今约3800～3500年，相当于古代文献中的夏、商王朝时期。作为全国重点文物保护单位，二里头遗址对研究华夏文明的渊源、国家的兴起、城市的起源、王都建设、王宫定制等重大问题具有重要的参考价值，被学术界公认为中国最引人瞩目的古文化遗址之一。这里出土了大量遗物，其中带有镶嵌工艺的青铜器尤为引人注目。

2. 镶嵌绿松石兽面纹铜牌饰

名　称：镶嵌绿松石兽面纹铜牌饰
时　期：夏
尺　寸：长 16.5 厘米，宽约 8 ～ 11 厘米
现展地：二里头夏都遗址博物馆

绿松石，又称"松石"，质地细腻，有光泽感，因所含铜或铁元素的差异，会呈现出天蓝、绿、青蓝等色。在史前时期，绿松石制作工艺就达到了较高的水平。二里头时期，中原地区出现的青铜冶炼和铸造技术与琢玉镶嵌技术相结合，产生出镶嵌绿松石铜牌等新器物，成为夏文化的重器，也为商代文化制度的发展奠定了基础。

镶嵌绿松石兽面纹铜牌饰，夏代青铜器，长 16.5 厘米，宽约 8 ～ 11 厘米，1984 年出土于河南偃师二里头，现展于二里头夏都遗址博物馆。铜牌饰整体呈盾牌状，上宽下窄，圆角收腰，瓦状隆起，两侧各有二钮；以青铜铸成兽面纹镂空框架，纹路间由数百块磨制好的小绿松石镶嵌而成，形象似兽面，头圆吻尖，两角上延，卷曲似尾，菱形眼有圆形眼珠一对；每块之间严丝合缝，历经几千年仍无一松动散落，其高超的镶嵌技术令人称奇，其黏接技术和材料也是值得我们探索的秘密。

铜牌饰出土于墓主人的胸部，当时有可能缀于上衣之上。对于它的功能，学界有不同的看法，有学者认为这是巫师作法的用具，也有学者持这是护身符或者身份标志的观点。

二里头遗址中共出土了 5 件镶嵌绿松石器：1 件镶嵌绿松石圆形器、3 件铜牌饰、1 件镶嵌绿松石龙形器。它们的出土证明了镶嵌技术在二里头文化中已非常成熟。其中的绿松石龙形器，2002 年发现于二里头宫殿区内一座二里头二期的贵族墓葬中，其对于解析铜牌饰的意义和形式来源有重要的启示作用。

3. 乳钉纹铜爵

名　称：乳钉纹铜爵
时　期：夏
尺　寸：高 22.5 厘米，流至尾长 31.5 厘米
现展地：二里头夏都遗址博物馆

乳钉纹铜爵，高 22.5 厘米，流至尾长 31.5 厘米，1975 年在河南偃师二里头出土，现展于二里头夏都遗址博物馆。铜爵为椭圆形口，窄长流上翘，尖长尾，束腰，鼓腹，平底，三棱锥状足外撇，一侧有半环形镂空鋬手，一侧装饰五个乳钉纹于腰部。

器物整体壁较薄，造型简朴，流、尾、足修长，鋬手镂空轻灵，从视觉上看上大下小，但是左右均衡，并无失重的感觉，反而让人感觉比例协调。其是二里头遗址出土的铜爵中最为精美的一件，已具备后期铜器造型挺拔、棱角分明的外表特点，是夏代青铜器的代表作。

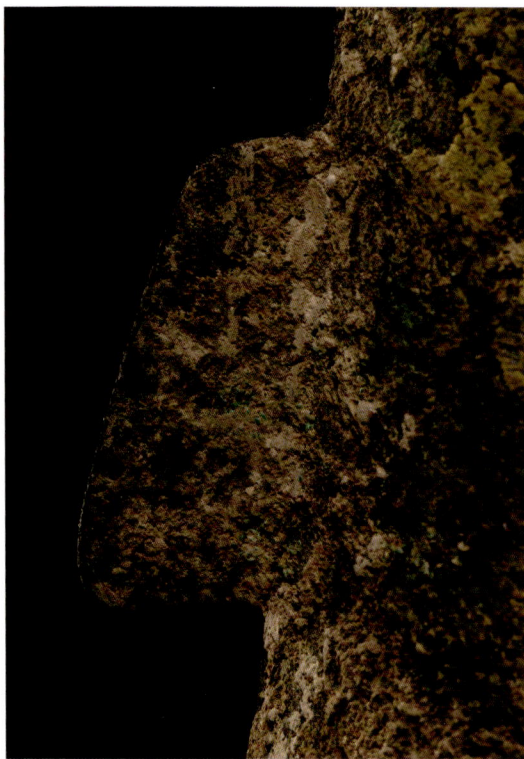

一侧带有较小扉棱向外突出，为铃翼

4. 带翼铜铃

名　称：带翼铜铃
时　期：夏
尺　寸：通高 9 厘米，鼓间 5.7 厘米
现藏地：河南博物院

　　铜铃是我国最早出现的有舌器具，为口部向下的"悬鸣"乐器，摇动铃舌而发出响声，在古代属于八音之一的金类，常见于墓葬的随葬品中。

　　带翼铜铃，铜器，夏代文物，1962 年在河南偃师二里头出土，现藏于河南博物院。器物通高 9 厘米，鼓间 5.7 厘米，铣（xiǎn）间宽 9 厘米，钮高 0.7 厘米。器表多呈红褐色，伴有青绿色锈斑。从正面看呈梯形，顶部近平，肩部圆钝，敞口朝下，两侧下部外扩，口部较大。顶部有两个半圆形孔，中间有居中的突出桥形钮，用以系铃锤。整体为素面，一侧带有较小扉棱向外突出，为铃翼；腹部凸弦纹清晰可见，并伴有明显纺织品平纹。从其出土情况看，当时还配有一个管状玉铃舌，说明这是一件实用器具。

　　带翼铜铃器壁较薄，形体小巧，简单质朴，无论形制还是铸造工艺都称得上是早期铜铃的代表，再现了我国早期青铜器的质朴无华，是我国目前发现时代最早的铜铃。

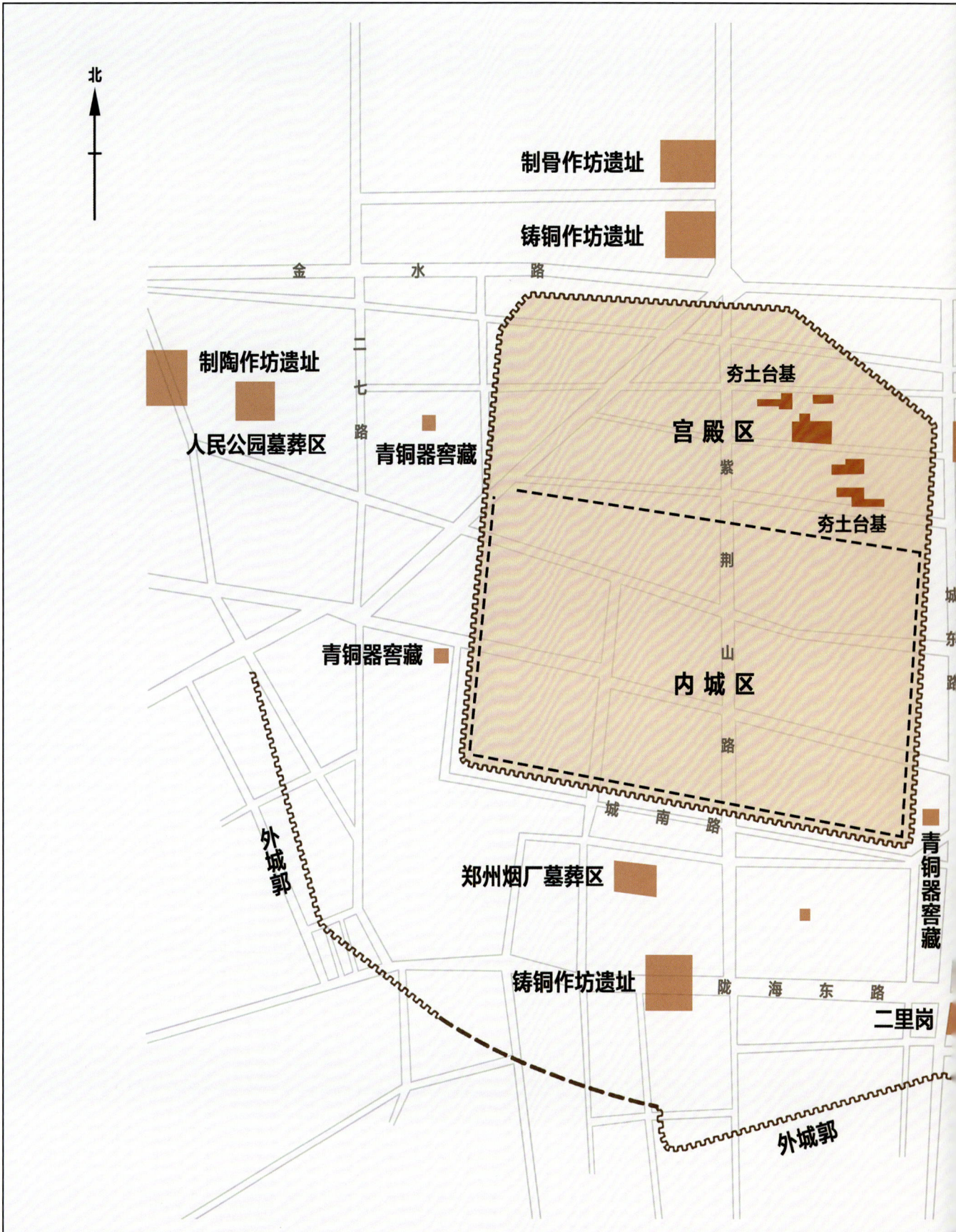

北

制骨作坊遗址

铸铜作坊遗址

金 水 路

制陶作坊遗址

二七路

青铜器窖藏

人民公园墓葬区

夯土台基

宫 殿 区

紫荆山路

夯土台基

青铜器窖藏

内 城 区

城 南 路

青铜器窖藏

外城郭

郑州烟厂墓葬区

铸铜作坊遗址

陇 海 东 路

二里岗

外城郭

郑州商城平面图

Plan of Shang City at Zhengzhou

家庄墓地

王墓葬区

〜〜〜〜〜 商代城墙

公元前16世纪，商汤起兵灭夏，建立商朝。在500多年的历史中，商朝主要在河南境内建都，目前在郑州、偃师、安阳等地都发现了具有王都规模的遗址。在商朝，成体系的文字和大量铸造的青铜器，将中国的青铜文明推向了高峰。

商都在古黄河两岸，从郑州商城到偃师商城再到安阳殷墟，商朝曾多次建都、迁都，人们追逐河滩丰美的水草，祭祀河神，祈望躲避洪水……

在世界四大古文字体系中，唯有以甲骨文为代表的中国古汉字体系历经数千年演变而承继至今。

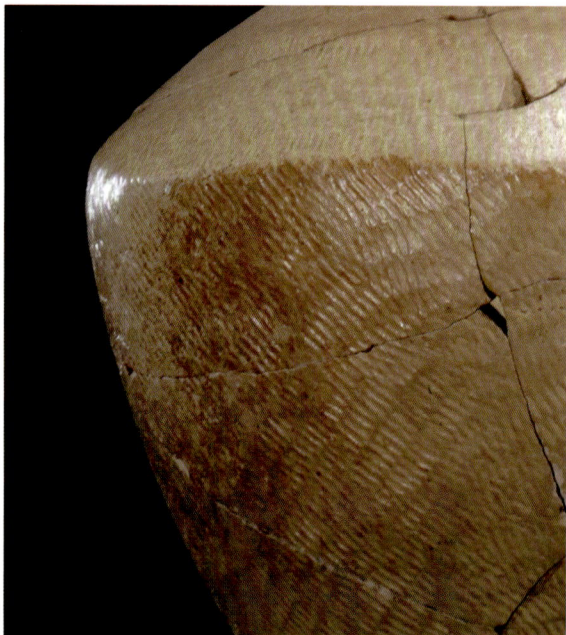

肩部、腹部拍印密集的细绳纹

5. 原始瓷尊

扫码观看视频

名　称：原始瓷尊

时　期：商

尺　寸：高 25.6 厘米

现藏地：河南博物院

　　尊，是一种陶瓷容器的统称，多为陶质，外表上加有各种印纹以做装饰，一般体形较大，应为固定安放的器物。商代中期以后尊的形制稍有变化，出现原始青瓷制品。

　　原始瓷尊，商代文物，高 25.6 厘米，1954 年在河南郑州市人民公园商代贵族墓出土，现藏于河南博物院。瓷尊深腹大敞口，口沿折侈下斜，沿上有一周窄凹槽，长颈内收，圆肩，鼓腹，下部斜内收，圆底内凹。胎色灰白，薄且细腻坚硬。通体内外满施光亮晶莹的青灰色釉，釉质稀薄有玻璃质感及光泽，有轻微流釉现象。口沿内部、颈部有明显的轮制痕迹，肩部、腹部拍印密集的细绳纹。用手轻轻叩击器物，可发出清脆的金石之声。由于当时的工艺技术水平有限，原料的处理和胎体比较粗糙，与后期成熟制瓷相比，带有明显的原始性，故称为"原始瓷"或"原始青瓷"。

　　"月团新碾瀹（yuè）花瓷，饮罢呼儿课楚词。"中国古代的瓷器生产正是从商代原始瓷器开始，不断开拓创新，逐步发展成熟，积淀成为中华民族优秀文化的杰出代表，对世界文明的进步做出了重大贡献。

6. 兽面纹铜罍

名　称：兽面纹铜罍
时　期：商
尺　寸：高 24.5 厘米，口径 13 厘米
现藏地：河南博物院

　　兽面纹铜罍（léi），商代青铜器，高 24.5 厘米，口径 13 厘米，1955 年在河南郑州市白家庄商代墓出土，现藏于河南博物院。

　　铜罍整体器壁较薄，敛口，长束颈，深腹下收，圆底，高圈足。肩部与腹部交会处有一周折线。圈足上部宽，下部窄，外撇弧度较大。颈部上端装饰三周凸弦纹，弦纹下装饰三个龟形图案。肩部、颈部连接处装饰有一周云雷纹。腹部装饰云雷纹带和兽面纹带，圈足上部有两周相距较宽的凸弦纹，等距离分布的三个"十"字形镂孔将两条弦纹打断。

　　兽面纹铜罍属于二里岗上层晚段即商代中期偏早时期的文物，是目前已知经过科学发掘出土的时代最早的青铜罍。它的发现不仅增加了我国商代中、前期为数不多的青铜器的数量，而且为研究和界定商代中、前期的青铜罍树立了标尺，具有极高的历史价值、文化价值和艺术价值。

7. 兽面纹提梁铜卣

名　称：兽面纹提梁铜卣
时　期：商
现藏地：河南博物院

　　卣（yǒu）是商周时期常见的酒器之一，在文献的记载中，卣既出现于祭祀典礼上，又出现在重要的礼仪之中。

　　兽面纹提梁铜卣，1982年出土于河南省郑州市商城遗址，现藏于河南博物院，是目前所见的最早的青铜卣。铜卣造型整体呈弧形，圆润的腹部下垂至器底，饱满成熟。上有器盖，盖中心有菌形钮，器身靠近口沿两侧有提梁，提梁一侧有扣环，扣环与器盖的菌形钮相连，虽已残缺但仍能感觉到它的实用性，就是将器盖打开后能与器身相连，不易遗失。器身满饰兽面纹，兽面纹是商代青铜器上最流行的花纹题材，花纹虽然繁缛，但主题鲜明，重点突出，特别是那凸出的兽眼和咧开的大嘴，给人以狞厉、威严之美感。底部为圈足，足上对称的四个镂孔也是这一时期工艺的特殊标记。

鼎身所饰兽面纹

8. 杜岭二号方鼎

扫码观看视频

名　称：杜岭二号方鼎

时　期：商

尺　寸：通高 87 厘米，重 64.25 千克

现藏地：河南博物院

　　鼎，自古被视为国之重器，是中国古代青铜器的重要代表，是国家和权力的象征。而在实际用途中，鼎不仅是古代用以烹煮肉食和盛贮的器具，更是最常见且最神秘的礼器。

　　杜岭二号方鼎，是迄今发现的商代早期最大的青铜器之一，现藏于河南博物院。方鼎腹部呈斗形，鼎口与鼎腹的截面基本为正方形，显得器物格外端正。口沿上有两个对称的圆拱形竖耳，如同锅的两个提手，暗示了器物本身的实用性。承托器身的四根中空足，上粗下细，粗壮浑厚。鼎身纹饰以兽面纹、乳钉纹为主，使器物整体呈现出庄严肃穆的宗庙威仪。

　　这件沉睡了 3000 多年的青铜古器，散发着神秘味道，在河南郑州市杜岭街张寨前街出土。此次出土的方鼎共两件，另一件高 1 米，重 86.4 千克，现藏于中国国家博物馆。方鼎破土而出，以它至高无上的王权象征，让郑州从普通的商代城市跃升为商王朝最早的国都，成为一座真正有着冲天霸气的王者之都！

9. 兽面纹青铜建筑构件

扫码观看视频

名　称：兽面纹青铜建筑构件
时　期：商
尺　寸：高 19 厘米，横 18.8 厘米，纵 16.3 厘米
现藏地：河南博物院

建筑是人类基本实践活动之一，也是人类文化的重要组成部分。中国的木构架建筑远在原始社会末期已经成熟，经过漫长的发展，逐步形成为一个独特的建筑体系。

兽面纹青铜建筑构件，商代文物，高 19 厘米，横 18.8 厘米，纵 16.3 厘米，重 6 千克，1989 年在河南郑州市小双桥遗址出土，现藏于河南博物院。器物整体呈立体结构，上、下皆有约 3.4 厘米宽的内折边，上折边正中有凹槽，整体俯视呈"凹"形。正面近正方形，阴线勾勒兽面纹，兽面双角巨大，有似鹿角状分叉，两目圆睁，眼角上扬，长鼻两侧勾画大鼻涡，外围线条既似云纹，又像兽面的毛须。左右两侧面呈近长方形，中间有带内折边长方形孔，两侧图案相似，上部为曲身卷尾龙纹，两眼突出，眼角上扬，显嗔怒之象。底部为一虎纹，腰背弯曲，虎口大张，尾部下拖而上卷，做攻击之态。龙虎之间为一象纹，象头在龙首下，尾在虎口前，长鼻上卷，四肢做蹲卧状，躯体和尾部较为抽象。三面装饰布局结构严谨、线条精致细腻，有庄重之感及威严之气。

器物发现于大型夯土建筑基址附近，推断其应是镶嵌于建筑物上的构件，是目前已知青铜质类器物使用于建筑物上的最早实物，它的发现对研究我国古代建筑发展史具有十分重要的意义。

"九天阊阖（chāng hé）开宫殿，万国衣冠拜冕旒（miǎn liú）。"3000 年前的明月，在"茅茨土阶"上洒下一片朦胧昏黄的光，映射出了这片土地上曾有的宏大雄壮和其王朝兴衰宿命的跌宕。

10. 后母戊鼎

名　称：后母戊鼎
时　期：商晚期
尺　寸：通高 133 厘米，口长 110 厘米，宽 79 厘米
现藏地：中国国家博物馆

　　后母戊鼎（原名"司母戊鼎"），铜鼎为商代晚期礼器，通高 133 厘米，口长 110 厘米，宽 79 厘米，重823.84 千克，1939 年在河南安阳市武官北地出土，现藏于中国国家博物馆，是目前世界上发现的最大的青铜器。

　　铜鼎体呈长方形，轮廓方直，显示出不可动摇的气势。深腹平底，口部有一周厚宽沿，沿上立一对耳（其中一耳丢失，为后期复制），外侧装饰双虎食人首。鼎身外四壁周边饰以一对夔（kuí）龙纹组成的兽面纹，凸起的短扉棱为兽鼻，并以云雷纹为地纹。中央素地无纹，四角有扉棱，扉棱上端为牛首，下端为兽面。底部有四个柱足，足柱中空，四足上部饰浮雕兽面纹。腹内壁铸有"后母戊"三字铭文。

　　后母戊鼎器型高大厚重，形制雄伟，气势宏大，纹饰华丽，工艺高超，应是商代王室的重器，造型、纹饰、工艺均达到极高的水平，是商代青铜文化顶峰时期的代表作。

殷墟遗址分布总图

General map of the Yin Xu site

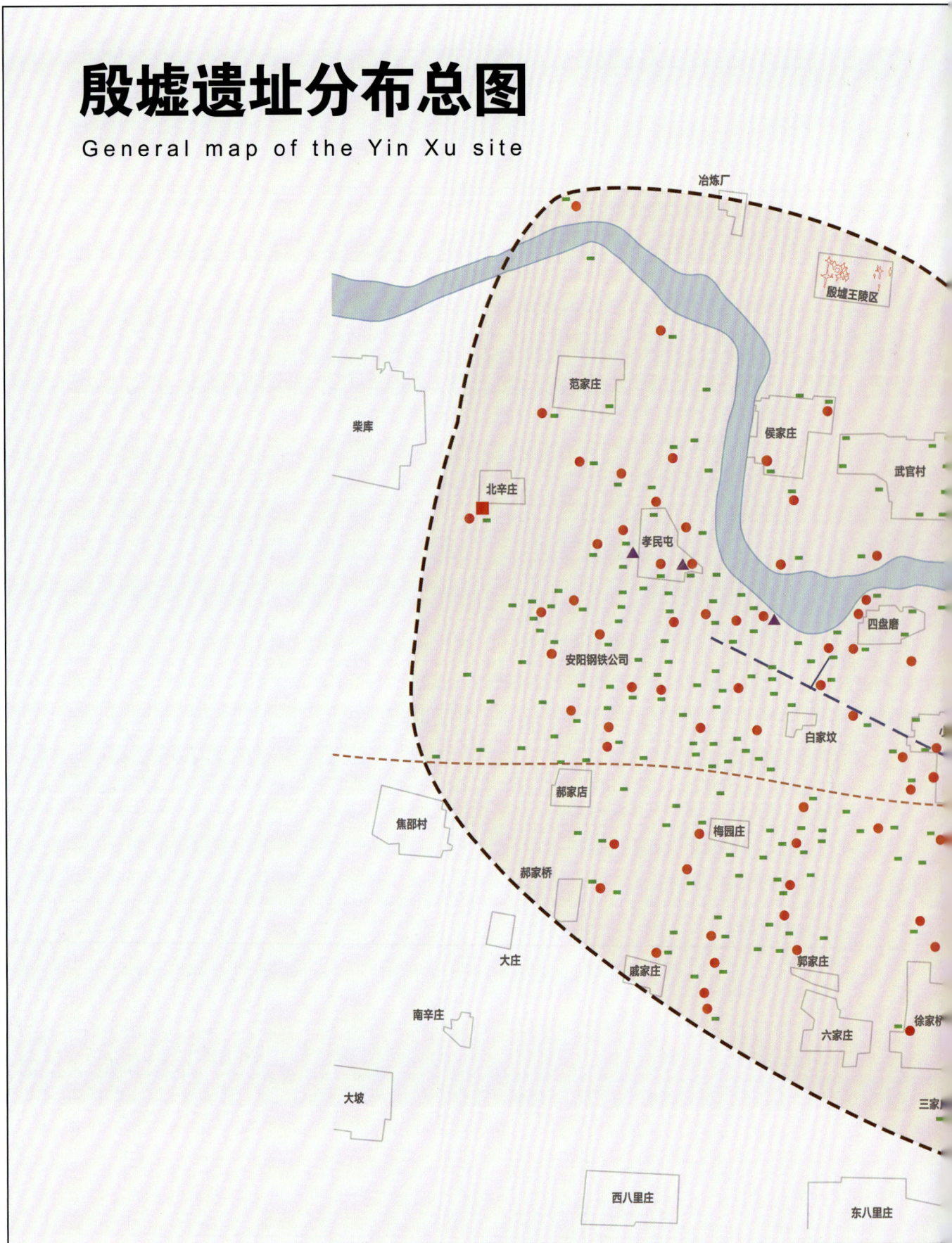

冶炼厂

殷墟王陵区

范家庄

侯家庄

武官村

柴库

北辛庄

孝民屯

四盘磨

安阳钢铁公司

白家坟

郝家店

焦郭村

梅园庄

郝家桥

大庄

戚家庄

郭家庄

南辛庄

六家庄

徐家桥

大坡

三家

西八里庄

东八里庄

北

郭王度

农机站

屈王度

屈王度

宋王度

十里铺

周家营

三家庄

蕫王度

韩王度

花园庄

宋家庙

十二中

蔬菜研究所

三府庄

宫殿
宗庙区

F2

F1

机场

航校

小司空村

大司空村

临俯庄

A

池苑

豫北纱厂

M5 X

C

B

D

小屯

财校

花园庄 M54 X

后岗

郭家湾

高楼庄

苗圃北地

薛家庄

郭家庄

任家庄

图　　例

居住址

墓地、墓葬

甲骨坑

铸铜作坊

铅锭坑

制骨作坊

制陶作坊

玉器、石器作坊

刘家庄

任家庄南

居家庄

道路

梯家口

水渠、壕沟

11."好"汽柱甑形器

名　称："好"汽柱甑形器

时　期：商晚期

尺　寸：口径 32.5 厘米，通高 15.5 厘米，柱高 13.1 厘米

现藏地：河南博物院

　　甑（zèng）是中国古代的蒸食用具，为甗（yǎn）的上半部分，与鬲通过镂空的箅相连，用来放置食物，利用鬲中的蒸汽将甑中的食物蒸熟。

　　"好"汽柱甑形器，商晚期，口径 32.5 厘米，通高 15.5 厘米，柱高 13.1 厘米，重 4.7 千克，1976 年在

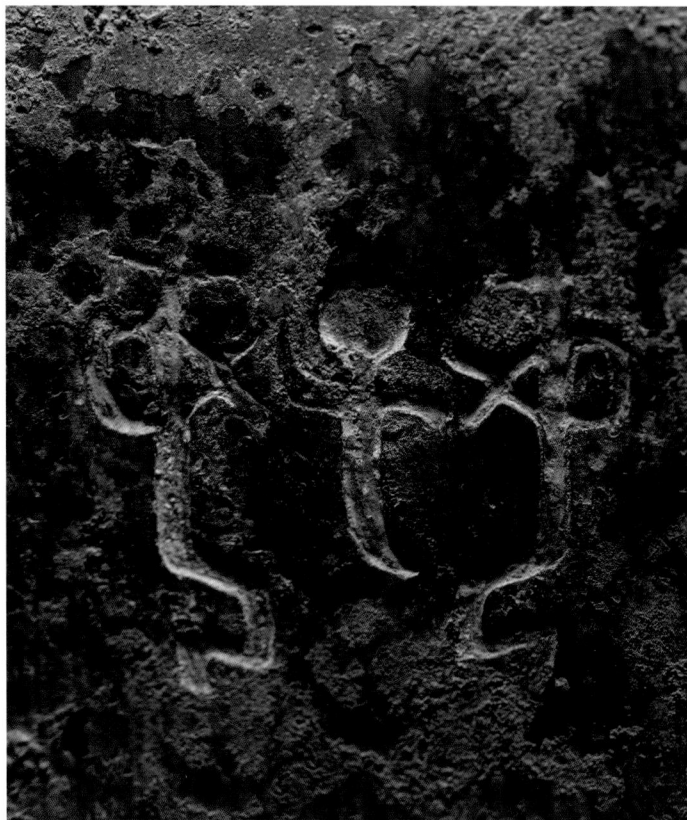

口下内壁"好"字铭文

安阳殷墟妇好墓出土，现藏于河南博物院。器呈圆形，深腹、敞口微外撇，口沿上有一周凹槽，应为置盖接缝槽；腹部近底处两侧各有一向上附耳，下腹收成弧形，底略向内凹，与底内中部突起一圆柱状中空汽柱相通，柱顶呈四瓣花朵形，并有四个叶状镂空。使用时，放置于鬲上，利用蒸汽上升，以蒸熟食物，其结构与汽锅相似。器外壁口檐下饰有鸟纹六组，鸟头两两相对，各有鸟冠，钩啄圆眼，短翅，尾部羽毛长而向下弯，尾分二翎，上饰羽毛纹；腹部饰有六对大夔龙纹、三角形纹交叉六对。口下内壁铸有"好"字铭文。根据甲骨文的记载，"妇好"是商代第二十三代王武丁众多妻子中的一位，曾多次率兵出征，立下赫赫战功，深得武丁的宠爱和臣民的敬仰。

"东门买彘（zhì）骨，醢（hǎi）酱点橙薤（xiè）。蒸鸡最知名，美不数鱼蟹。"中国的饮食文化随着时间的年轮一代一代流传下来，中华各族人民在生产和生活实践中，积累并影响周边国家，从器具到食材，无不诉说着伟大的中华民族的生命力从一个延续走向又一个延续……

12."妇好"鸮尊

扫码观看视频

名　称："妇好"鸮尊
时　期：商晚期
尺　寸：通高 46.3 厘米，重 16 千克
现藏地：河南博物院

　　鸮（xiāo），也作"鸱（chī）鸮"，是中国古代对猫头鹰一类鸟的统称，它给先民们一种勇猛、威严之印象，人们对它极强的战斗性加以崇拜，认为其有躲避兵器伤害和防避兵灾的神秘力量。《韩非子》中有写："博者贵枭，胜者必杀枭。"

　　"妇好"鸮尊，商代晚期青铜器，通高 46.3 厘米，重 16 千克，1975 年在河南安阳殷墟妇好墓出土，现藏于河南博物院。鸮尊整体为一昂首挺胸的鸮形，鸮小耳高冠，圆眼宽喙，双翅并拢，粗壮的两足与下垂的宽尾构成三个支点。鸮颈后有鋬，头部后面开了半圆形的口，上面有盖，盖前端有一站立状的鸟，鸟后有一龙。鸮尊器身饰有繁缛纹饰，喙的表面和胸部饰蝉纹，颈两侧各饰一身两头的怪夔一条，两翅前端各有盘蛇一条，颈后部盖面饰饕餮纹，鋬下、尾上有鸱鸮一只。口下内壁铸有"妇好"二字铭文。

　　"妇好"鸮尊是目前中国发现最早的一件鸟形铜尊。作器者把丰富的想象与合理的夸张相结合，巧妙地以动物为题材，塑造成实用礼器，既有现实生活的真实写照，又有艺术的概括处理。鸮尊生动的造型、繁缛的纹饰，反映了殷商先民特有的宗教情感和审美观念，是罕见的艺术品。

13. "妇好"方斝

扫码观看视频

名　称："妇好"方斝
时　期：商晚期
尺　寸：通高 69.5 厘米
现藏地：河南博物院

铜斝（jiǎ），中国古代先民的盛酒器和礼器，由新石器时代陶斝发展而成，初见于夏代晚期，盛行于商晚期至西周中期，常与觚（gū）、爵等组合成套使用。

"妇好"方斝，通高 69.5 厘米，1976 年在河南安阳殷墟小屯村出土，现藏于河南博物院。方斝俯视略呈方形，深腹、平底，口四边外侈，两短边中部各立有一方塔形柱钮，柱顶及四角有细棱，柱身四面依稀可见有小兽面纹装饰；斝身四隅及三面中部均有凸起的扉棱，上端四面饰有蕉叶纹及成对夔纹，下端腹部四壁均装饰兽面纹；与两立柱垂直一侧饰有兽首鋬，鋬首上立两只大耳，双眼和鋬部部分纹饰锈蚀；器底四条四棱尖锥足，足上两瓮处饰成对夔龙纹及蕉叶纹。器物形制高大，纹饰华美，整体纹饰下均有云雷纹为地；器内底部铸有"妇好"二字铭文。

"露宿风餐誓不辞，饮将鲜血代胭脂……"转瞬间，历史的火焰仿佛被一股至强的力量分开，一位女子头戴金盔，身着金甲，眉宇中镌刻着坚毅踏火而来，向着"武丁盛世"，大步向前。

扫码观看视频

14. "妇好"夔足方鼎

名　　称："妇好"夔足方鼎
时　　期：商
尺　　寸：鼎高 42.3 厘米，重 18 千克
现藏地：河南博物院

　　商周时期，国之大事，在祀与戎。青铜方鼎是商代重要的礼器。"妇好"夔足方鼎，1976 年在河南安阳市小屯村殷墟妇好墓出土，现藏于河南博物院。

　　该鼎高 42.3 厘米，重 18 千克。内底中部铸有"妇好"二字铭文。从外部看，鼎由耳、腹、扁足三部分组成，均采用"三层花"的装饰手法：以云雷纹为地纹，烘托主题；粗线勾勒出主题框架纹饰；阴线刻画出主题纹饰的细部。两耳外壁饰阴线夔龙纹。鼎身外壁四隅及四面中部各铸扉棱一条，四面装饰有首无身羊角兽面，其两侧下部各有夔龙纹一条。

　　最为特别的是鼎的扁足，每一扁足两面均饰夔龙纹，龙头向上，龙口大张，双唇外翻，身尾较长。这直挺挺的龙身，承托起的不仅仅是鼎身，更是商人对王权至高的尊崇。

　　纵观整个铜鼎，外形华丽，周身纹饰错落有致，不仅向世人展现了古代工匠的高超技艺，更似乎带领我们穿越到 3000 多年前，目睹当时那宏大而繁复的祭祀场景。

扫码观看视频

15. 青玉鸮鹗佩

名　　称：青玉鸮鹗佩
时　　期：商
尺　　寸：高 4.9 厘米
现藏地：河南博物院

鹗，古代人称之为鸮鹗、枭和鸮枭等，俗称猫头鹰。从考古资料可知，鹗形器物在新石器时代出现，商代开始盛行，无论是制作工艺还是鹗形种类，都是其他时代所不能企及的。

青玉鸮鹗佩，河南安阳殷墟妇好墓出土，高 4.9 厘米，现藏于河南博物院。整体为青玉圆雕出站立状鸮鹗，双脚及宽尾支撑身躯。头两侧有对称弯钩形角，似羊角，两眼圆凸，胸部微鼓，双翼并拢紧贴于两侧及背部，宽尾下垂。身饰云纹、鳞纹，均以双阴线雕刻。头顶中部有一对穿斜孔可悬挂。玉佩造型以写实与夸张手法相结合，技法娴熟，雕刻精致，整个纹饰图案显得刚劲有力。

"天命玄鸟，降而生商。"在奴隶社会特定的历史条件下，崇尚勇武的道德观与审美观决定了鹗类在商代曾备受尊崇，出土的大量鹗形器物及鹗纹器物，说明了鸮鹗在殷民心中的重要地位。

16. 青玉踞坐人形佩

名　称：青玉踞坐人形佩
时　期：商
现藏地：河南博物院

商朝人物装束

　　中国自古被誉为礼仪之邦，常言道：站有站相，坐有坐相。椅子还未被发明的先秦时期，踞（jī）坐是最符合"礼"的标准坐姿。

　　青玉踞坐人形佩，是 1997 年出土的商朝玉器，现藏于河南博物院。该玉器用圆雕手法雕刻，造型独特，正反两面呈现完全不同的内容。正面为"虎首人身"形象，虎首高昂，大口暴张，人身呈踞坐状。背面为一完整的鸱鸮形象，呈蹲立状，与正面的虎首人身完美结合。鸱鸮俗称猫头鹰，在商朝被奉为神鸟，是战争胜利的象征。

　　在重鬼尚祀的商代，巫师作法时所佩戴的面具也常为虎和鸮的形象。因此，虎、鸮、人三种形象的结合，让该器物披上了浓厚的宗教色彩。

　　虽然目前已发现不少商代人兽合体或兽兽合体的造型，但人和两种兽形相结合的形象极为少见，它的出现或许为我们解锁商朝的信仰体系提供了一把关键钥匙。

17. "岁于中丁"刻辞卜骨

名　称：　"岁于中丁"刻辞卜骨
时　期：　商
尺　寸：　残长 29.5 厘米，宽 21 厘米
现藏地：　安阳博物馆

中国的文字起源很早，传说原始社会时期黄帝命仓颉造字。到了商代，中国的文字已发展成熟，形成了文字体系，基本具备我国古文字"六书"造字规则。由于这些文字契刻或书写在龟甲、兽骨之上，所以人们称之为"甲骨文"，甲骨文是中国最古老的文字。

"岁于中丁"刻辞卜骨，商代武乙时期文物，残长 29.5 厘米，宽 21 厘米，1973 年在河南安阳小屯村南地出土，现藏于安阳博物馆。该卜骨为牛肩胛骨，正面自上而下、自左向右契刻："牢 / 侑（yòu）弜（jiàng）/ 侑弜 / 辛亥贞 / 侑 / 岁于大（太）甲兹用 / 兹用 / 甲寅酉彡（róng）五牢 / 丙寅贞 / 侑 / 祔（fù）/ 岁 / 于中丁。"共三行 31 字，其中"甲寅酉彡五牢"5 字残缺，根据残痕和词例补出。卜骨背面有三处钻、凿和灼烧的痕迹。

卜辞中"中丁"指文献中第十一任商王中丁；"大甲"为文献中第五任商王太甲；"丙寅""辛亥""甲寅"为商代天干地支纪日法，代表时间；"贞"为卜问之意；"侑""岁""祔""酉彡"是商代频繁使用的庙祭礼仪；"弜"为"不要"，"侑弜"则为不要侑祭的意思；"牢"指以牛为牺牲祭祀的意思，"五牢"指用了五头牛作为祭品。

三部分卜辞解释出来的意思分别为：在丙寅这天占卜，卜问，是否用侑、祔、岁三种方式来祭祀仲丁？最终使用这三种方式祭祀；在辛亥这一天占卜，卜问，是否用侑、岁两种方式来祭祀太甲？最终使用这两种方式祭祀；甲寅这一天，用酉彡的方式祭祀，并用五头牛做祭品。商人崇拜祖先，往往对先王和祖先进行祭祀，这片卜骨所记载的就是商代第二十八任王武乙祭祀先祖"中丁"和"大甲"的内容。

"书于竹帛，镂于金石，琢于盘盂，传遗（wèi）后世子孙者知之。"走过 5000 年历史长河的华夏文明，因为文字牢固地凝聚在了一起。诗人的唱和，书家的酣畅，百姓的愉悦，无不点点滴滴地渗透其中。汉字也成为迄今为止持续使用时间最长的文字，传承至今。

18. 祖辛卣

"祖辛"二字铭文

名　称：祖辛卣

时　期：商晚期

尺　寸：通高 25.5 厘米

现藏地：河南博物院

　　卣，据文献记载是盛放秬鬯（jù chàng）一类美酒用来祭祀的酒器，常见于商朝和西周时期。这件商代晚期的祖辛卣，通高 25.5 厘米，重 3 千克，出土于河南辉县（今卫辉市），现藏于河南博物院。

　　卣由器盖和器身两部分组成，器盖有母口，与器身的子口相对应，现在仍然可轻松分开。器物整体正视如壶形，俯视呈椭圆形。

　　器体纹饰极为繁缛，可分为盖钮、盖顶、盖折边、颈部、肩部、腹部、圈足和提梁八个部分。通体纹饰下满布云雷地纹，由盖至足纵向装饰四条扉棱，两扉棱间纹饰均可独立为一个纹饰带。盖钮像一个呈六瓣的花蕾，每一个花瓣上都饰有小蝉纹；盖顶、盖折边、腹部及圈足均以四扉棱为界装饰大立鸟，腹部饰有八只，其余部位分别饰有四只。鸟眼突起，头顶有尖冠，颈后有弯而上翘的大角，鸟腿有力，鸟爪四张。盖折边和圈足处的立鸟尾窄长而分叉，盖顶和腹部的立鸟尾短而分叉。器盖折边上左右两侧的附耳正面各装饰一个大蝉纹；颈部一周装饰有四个夔龙纹，以左右扉棱为中心，龙首相对；肩部均匀装饰瓦楞纹；提梁两端各有一个张口衔环的圆雕兽首，兽首圆眼，头顶有一对瓶状角。提梁中间部分为扁弧状，外侧在云雷地纹上装饰四条头向提梁正中的夔龙纹，内侧均匀装饰环带纹；器底外装饰有网格纹。器盖内和器内底皆铸有"祖辛"二字铭文，笔画粗壮、浑厚有力。经考证，"祖辛"应是器物主人所要祭祀的名为辛的先祖或祖父。

　　祖辛卣，造型庄重，纹饰华丽，充满厚重奇诡之感。器表的三层花工艺，在大处精致华美，于小处细致入微，是商周青铜器中的艺术瑰宝。它 3000 多年来虽未再盛满美酒，却盛满了时光之沧海，岁月之桑田。商代工匠高超的技艺对抗时间的销蚀，与天空并肩，和星辰同行。

19. 鸮卣

名　称：鸮卣
时　期：商
尺　寸：通高 20 厘米
现藏地：河南博物院

　　商代人嗜酒如命，在商代晚期，以动物形体（包括写实动物和虚幻动物）为主要造型的酒器大量涌现，成为商代青铜器中一道靓丽的风景线。

　　鸮卣，通高 20 厘米，1980 年在河南信阳市罗山县商代墓出土，现藏于河南博物院。铜卣造型独特，呈两只背向相依的鸱鸮形状。鸱鸮浑圆雄健的肌体和粗壮锐利的爪子，展现出蓬勃旺盛的生命力。鸱鸮仰面朝天，两只钩喙轻轻地合起，正在专心致志地、尽情地享受休憩的悠闲自在。器身几乎没有空白之处，以三层花纹装饰的夔龙、变形兽面纹等花纹，则给人一种狞厉、神秘之感。器内壁铸有"息"字铭文。据甲骨文资料的记载，息是商朝属下的方国之一。这件器物的出土，为判断商代息国的遗址提供了重要的依据，对于研究已经面目模糊的 3000 多年前的历史提供了莫大的帮助。

20. 人形玉璜

名　称：人形玉璜
时　期：商
尺　寸：高 6.6 厘米，宽 2 厘米
现藏地：虢国博物馆

　　人形玉璜，商代制品，高 6.6 厘米，宽 2 厘米，
出土于河南三门峡市虢（guó）国国君虢仲墓，现藏于
虢国博物馆。玉璜为青玉质地，整体雕刻一蹲姿人形，
人首头戴高冠，冠边有牙形饰，臣字眼，双眼圆睁，
服饰装饰变形云纹，屈膝点脚。冠和足上有褐色沁。
虽然人物造型抽象，但刻意表现出的高冠与服饰上的
云纹，表明了玉人形象可能为贵族或祭司。

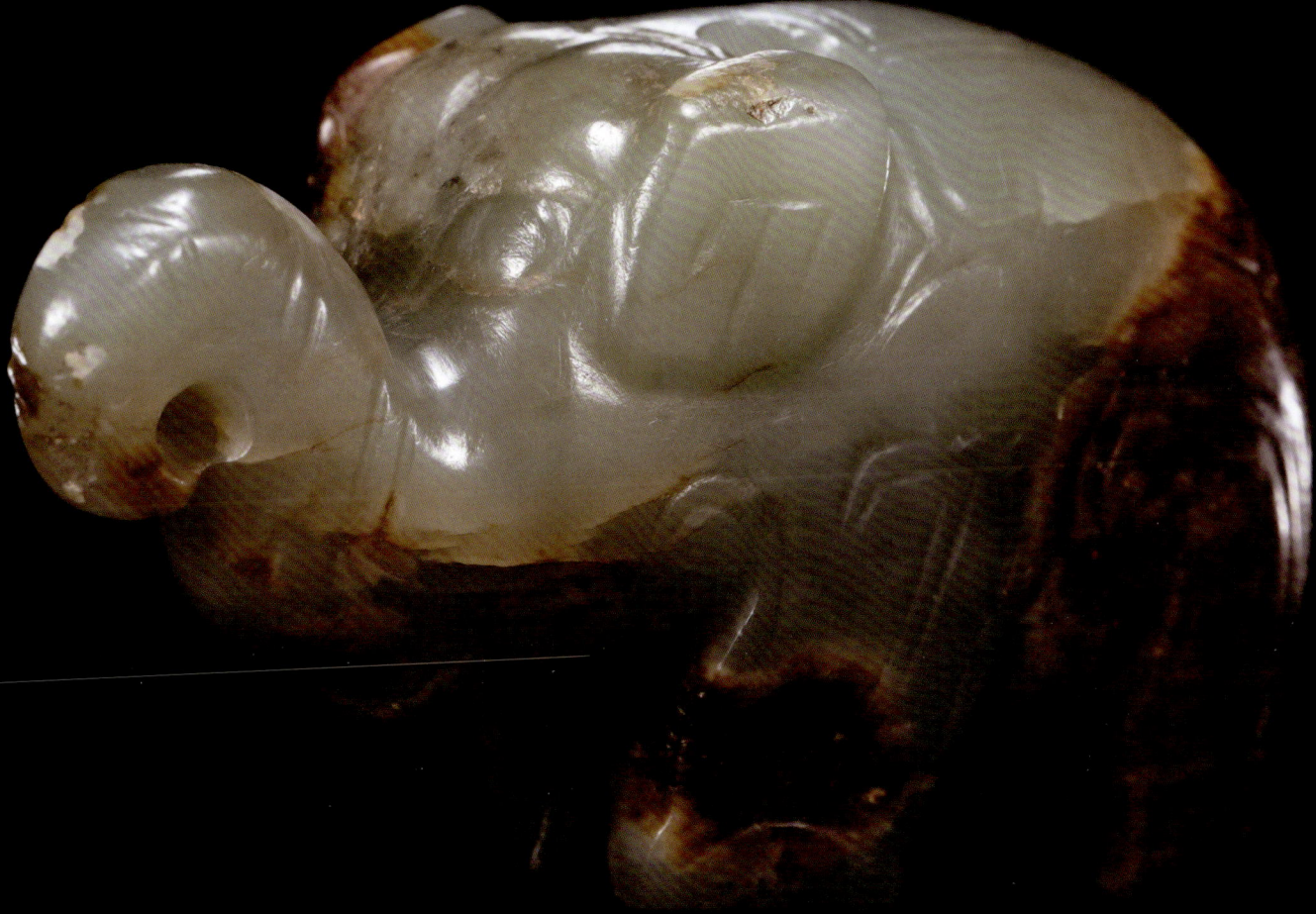

21. 玉象

名　称：玉象

时　期：商

尺　寸：高 3.1 厘米

现藏地：虢国博物馆

　　玉象，商代玉器，高 3.1 厘米，出土于河南三门峡市虢国国君虢仲墓，现藏于虢国博物馆。玉象为青玉制圆雕，质地细腻，微透明。整体为深豆青色，象耳、象鼻、象足及象臀部受沁呈黄褐色。玉象做站立状，长鼻上扬后鼻尖又下卷，形成一穿孔。象口微张，臣字目，圆睛微凸，菱形大耳耸立于头部两侧，耳上有一倒"山"字，四肢扁平，短尾下垂，背部有一斜对穿。象身两侧饰云纹，背部饰水波纹，尾部饰草穗纹。玉象雕刻精美，形象生动，再现了 3000 多年前商人高超的琢玉工艺和令人震撼的审美艺术。

西周

（前 1046—前 771）

公元前 1046 年，周武王在牧野之战中大获全胜，建立周朝，定都镐京，史称"西周"。成王即位，统一思想，巩固王权，宣布各种典章制度。用于祭祀和宴飨的器物，被赋予了特殊的含义，成为体现礼制的物质载体。

1. 长子口墓青铜鼎

扫码观看视频

名　称：长子口墓青铜鼎

时　期：西周

现藏地：河南博物院

　　河南省周口市鹿邑太清宫镇是一处闻名遐迩的历史文化古镇，位于鹿邑县东 5 千米，是老子的故里。1997 年 5 月，在太清宫镇中学院内的发掘中，发现了沉睡地下 3000 年的长子口墓。长子口墓堪称一座地下宝库，出土了青铜礼器 85 件，分别有觥、方罍、铜壶等；青铜兵器 160 多件，有铜戈、铜钺、铜镞等；还出土了禽骨排箫 5 组，比著名的曾侯乙墓出土的还多 3 组。

　　长子口墓为"中"字形大墓，全长 47.75 米，最宽处 7 米，墓底距表面深 8 米。南北两条墓道上宽下窄，椁室为"亞"字形，随葬品置于边箱和棺内。棺下有长方形腰坑，坑内有殉人、殉狗各一个，具备商人显著的墓葬特点和丧葬形式。长子口墓为商末周初大墓，出土的随葬器物既有西周文化的特点，又有商代的因素，其中圆鼎、方鼎的组合引人注目。

长子口扁足圆鼎

一组共 5 件，通高 17.8 厘米，口径 14.5 厘米

　　5 件形制、大小、纹饰、铭文基本相同。圆鼎有平盖，两侧各有凹槽以纳鼎耳，盖中部有扁宽钮。鼎的双立耳外撇，腹部较浅，底呈半球形，器盖和鼎腹各饰一周弦纹相间的云雷纹带。器底下部的三扁足均为立鸟形，鸟冠顶鼎腹，尾下垂作足尖触地，尾尖上卷。器内壁铸有"长子口"三字铭文。

长子口分裆圆鼎

一组共 5 件，通高 18.8 ～ 19.2 厘米，重 1.45 ～ 1.6 千克

　　5 件形制、大小、纹饰、铭文基本相同，高低、重量等略有不同。鼎有圆形盖，双耳立于口沿。鼎腹较浅微鼓，有三个柱形高足。盖上中部饰一周斜三角纹组成的云雷纹带。器身装饰三组简体兽面纹，兽面大角外卷，臣字眼，叶形耳，张口露齿。两侧有一倒立的夔龙，以云雷纹为地纹。器内壁铸有"长子口"三字铭文。

长子口带盖方鼎

一组共 5 件，通高 19.4 ～ 19.8 厘米，重 1.7 ～ 1.8 千克

　　5 件大小、形制、纹饰相同，细微处略有区别，应是出自同一工匠，但使用不同泥模铸造。铜鼎有长方形器盖，方耳立于纵面口沿。器腹直壁微微内收，平底微鼓，四足为实心直立柱状。腹部中和四隅各有扉棱，扉棱两侧有"F"形装饰。鼎的腹部四面分别装饰一组分体兽面纹。器内壁铸有"长子口"三字铭文。

　　圆鼎、方鼎的组合是两周列鼎制度的雏形。由铭文"长子口"可知墓主人为长子口。"长"是氏族或国名，"子"是身份即爵位，"口"为私名。长国为商末的封国，定期向商王贡龟，长子口生活在商末周初，为高级贵族。

　　商代灭亡后，长子口又被周王继续封于鹿邑一带，仍有很高的社会地位，也可能是被周王派往鹿邑做镇守一方的高级将领，死后按商代习俗埋葬。据推测，长子口很大可能是宋国开国国君微子启或其弟微仲衍。

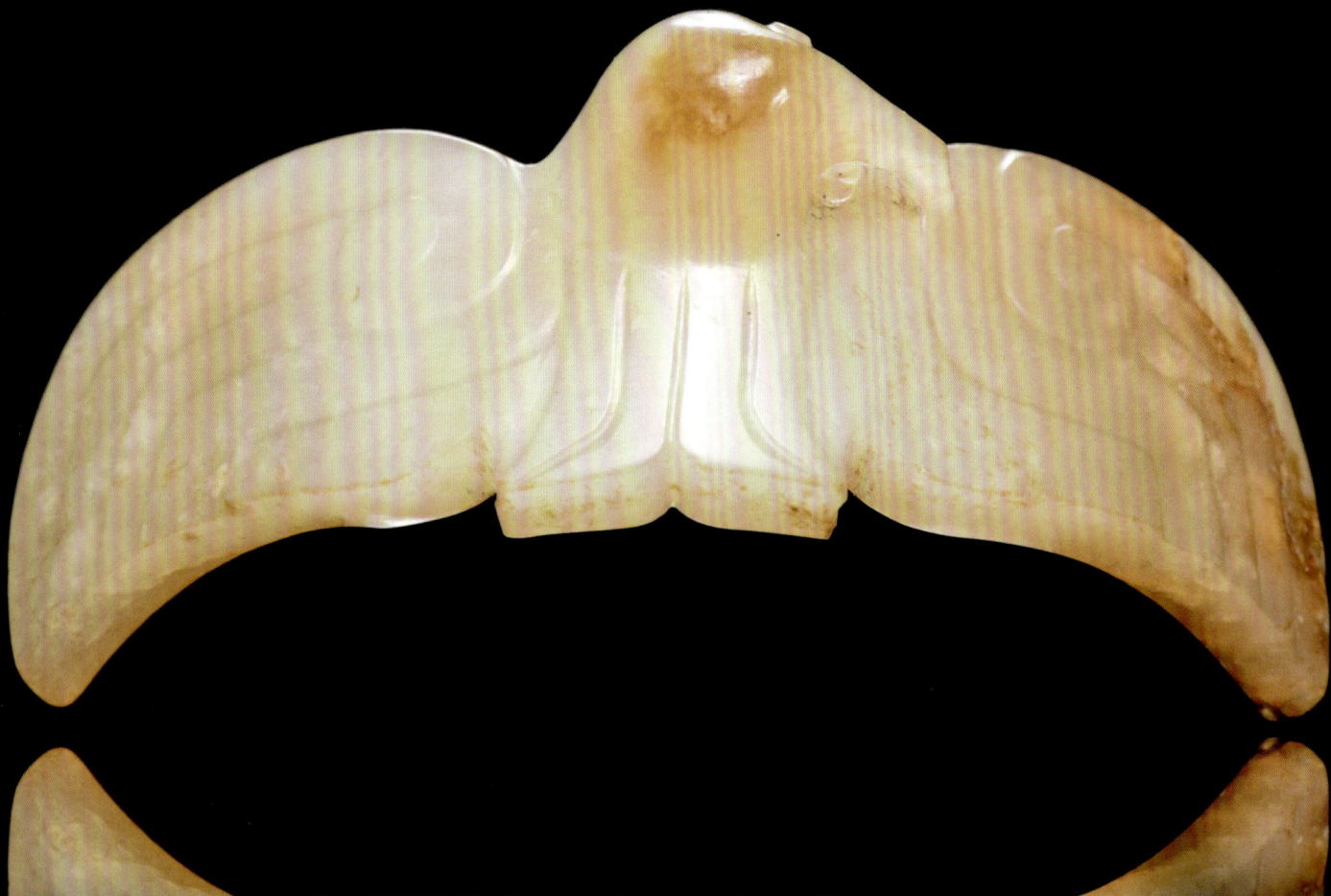

2. 白玉线雕鹰

扫码观看视频

名　称：白玉线雕鹰

时　期：西周

尺　寸：长 2.2 厘米，宽 5.7 厘米

现藏地：平顶山博物馆

　　在古老的文明诞生之初，鹰作为一种猛禽，是人们敬仰崇拜的图腾之一，也是最能证明天空浩瀚无边和心灵通脱旷达的飞鸟，以鹰为纹饰做成的饰品更能彰显主人的勇猛和不可侵犯，也寄托着人们渴求神明护佑的愿望。

　　白玉线雕鹰，西周玉器，长 2.2 厘米，宽 5.7 厘米，重 16 克，在河南平顶山市应国墓出土，现藏于平顶山博物馆。

应国墓地位于平顶山市城乡一体化示范区西部北滍（zhi）村西边的一道南北向的土岭——滍阳岭上。应国是两周时期中原地区的一个姬姓诸侯国，其地望大致在今沙河以北至汝河之南的大部分地区，其中心区域在今河南省平顶山市一带。

应国墓地是一处西周早期至春秋早期应国贵族的墓葬区，同时也包括春秋中期至战国中晚期楚国贵族的墓地，其上还分布有西汉与东汉时期的一些平民墓葬。1986—2007 年，河南省文物考古研究所与平顶山市文物局联合对应国墓地进行了 20 多年的考古发掘工作，共发掘墓葬 500 多座和殉葬坑（马坑）1 座，出土各类文物达万余件，尤以铜器、玉器为大宗。2006 年，应国墓地被国务院公布为第六批全国重点文物保护单位。

玉鹰为和田玉质，玉料呈白色，略泛青，温润光洁，微透明。鹰做展翅飞翔状，头向右扭曲，以嘴衔右翅，形成一个穿孔，双翅前端也各有小穿孔，应是西周贵族用以装饰、标志身份的佩器；头顶和右翅有褐斑，是有意运用"俏色"手法就势用高浮雕手法雕琢而成；头部、身体则用平雕的手法雕成拱形，鹰眼、鹰背、羽翅均为线雕，刻纹简洁流畅；两爪呈长条形，蜷曲于身下，形象逼真，栩栩如生。

西周时期，平顶山一带为周武王第四子应公的封国，史称"古应国"，古时"应"与"鹰"同音，原本为同一个字。这件白玉线雕鹰可能具有族徽象征的意义，现在作为平顶山市的市徽标志，成就了这片古应国故地"鹰城"的美誉。

扫码观看视频

3. 四璜组玉佩

名　称：四璜组玉佩
时　期：西周
尺　寸：总长 53 厘米
现藏地：河南博物院

玉璜是一种弧形的玉器，为"六器"（玉璧、玉琮、玉圭、玉琥、玉璜、玉璋被称作"六器"）之一。常见出土的玉璜，仅有三分之一玉璧大小，弯弧两端有小孔，往往出于墓主项下，可能用于佩戴，故有"佩璜"之称。

四璜组玉佩，西周玉器，1992 年在河南平顶山市应国墓地 6 号墓出土，现藏于河南博物院。整套组玉佩由玉、玛瑙、料器等 167 件（颗）不同质地、不同形状的饰件相间连缀而成，总长 53 厘米，可分为上下两部分。上部是由 7 组双行青玉管和红玛瑙珠组成的项饰，下部是 1 组由 4 件大小相近、形制不同的玉璜与红玛瑙珠、料珠组成的胸组佩饰。4 件玉璜中，最下层玉璜为素面，上面 3 层玉璜分别为虎形和半圆形，有阴刻线龙纹。出土时玉璜、玉管、玛瑙珠、料珠的穿孔相对，成行排列，有条不紊，某些管、珠的穿孔内尚有红色丝线残迹。

多璜组玉佩不仅是一种奢华的装饰品，同时也是礼玉的一种，标志着佩戴者的身份。有学者研究认为这种组玉佩还有一种实用功能，即节制佩戴者的步伐，纠正其行走时的仪态，同时也是古人所追求的高尚思想境界的载体。

4. 柞伯簋

名　称: 柞伯簋

时　期: 西周

尺　寸: 通高 16.5 厘米，连耳通宽 24 厘米

现藏地: 河南博物院

　　簋（guǐ）是商周时期的一种盛食器，《周礼·地官·舍人》有"祭祀，共簠（fǔ）簋"的记载。商周时期的青铜簋出土数量较多，尤其是西周中期以后，簋与一定数量的鼎配套使用，成为表示墓主等级的重要象征。

　　柞伯簋，西周早期青铜盛食器，通高 16.5 厘米，连耳通宽 24 厘米，重约 2.15 千克，容量约 1.7 升，1993年在河南平顶山市滍阳岭应国墓地 242 号墓出土，现藏于河南博物院。柞伯簋为圆形，腹部较浅，两侧有一对龙首形耳，矮圈足外撇，圈足内附有一素面喇叭形支座。簋的腹部均以云雷纹为地纹，腹部上方装饰两组共 8

个夔龙纹，每组的 4 个夔龙纹各以一浮雕兽首为中心，分列两侧；簋的腹中装饰两组凸目兽面纹，且在每组纹样的左右两侧配以两个相对称的夔龙纹。簋的圈足上饰凸目斜角云纹。器内底部铸有 8 行 74 字铭文：

隹（惟）八月辰（晨）才（在）庚申，王大射

才（在）周。王令（命）南宫逨（shuài）（率）王多

士，师翻父逨（率）小臣。王徲（chí）

赤金十反（钣）。王曰："小子、小臣，

敬又（有）ϡ（贤），隻（获）则取。"柞白（伯）十

再（称）弓無（无）瀺（fèi）（废）矢，王则畀柞

白（伯）赤金十反（钣），诞易（赐）税见。

柞白（伯）用乍（作）周公宝尊彝。

大意是说：在八月庚申日早晨，周王在都城镐京举行大射礼。参加比赛的人员分成两个小组，周王命南宫率领王子弟中得爵之士，师翻父率领王臣。周王拿出十块红铜板材作为奖品。周王说道："小子、小臣，你们要谨慎谦恭地进行比赛，射中靶子较多的人可以得到这十块红铜板。"结果，柞伯十发十中，成绩优秀，周王便把奖品给了他，并且又赏其两件乐器。柞伯为纪念这一殊荣，用周王赏赐的红铜铸造了用来祭祀周公的铜簋。

整篇铭文是一篇十分优秀的记叙文，短短 74 字，阐明了"大射礼"举行的时间、地点，参加的人物，事件的经过和结尾等各个方面，言简意赅，层次分明，有条不紊。更重要的是，它为研究我国古代的射礼制度提供了十分珍贵的资料。

柞伯簋造型别致，特别是所配的喇叭形支座，在目前已发现的商周铜簋中绝无仅有。器物制作精细，装饰纹样布局合理，铭文字体秀丽而又不显孱弱，堪称早期书法珍品。

5. "匍"雁形铜盉

名　称："匍"雁形铜盉

时　期：西周

尺　寸：通高 25.2 厘米，流至尾长 31.8 厘米

现藏地：河南博物院

盉（hé），青铜礼器，最明显的形制特征是腹部一侧往往会有长管状流，另一侧有一鋬，三足或四足，有盖，盖多以链索与鋬相连。

"匍"雁形铜盉，西周青铜酒器，通高 25.2 厘米，流至尾长 31.8 厘米，重约 3.55 千克，容量约 2.1 升，1988 年出土于河南平顶山市应国墓地，现藏于河南博物院。

铜盉器身呈站立雁形，雁颈曲而上扬，昂首前视，双目圆睁，扁嘴微张，自然形成盉的流，雁尾部有一个

蜷身上扬的龙首形鋬手，腹下有四柱形足。器口上有子口器盖，向上隆起，中部有盖钮，钮上饰蜷曲鸟纹，鸟纹似鹰形。有一人形双手抱链环与器盖相连，双脚之间有横梁，立于雁尾上浮雕的牛头，铜人上身赤裸，发型为竖髻，高绾于头顶，下身着十褶裙，腰束饰有连续菱形纹饰的革带，脚穿浅筒靴。整器造型精巧端庄，惟妙惟肖。

器盖内铸有铭文5行44字："唯四月既生霸戊申，匍即于氏。青（邢）公事（使）司史（使）兒曾（赠）匍于（以）柬（束）麀（gōu）贲、韦两、赤金一匀（钧）。匍敢对扬公休，用乍（作）宝彝，其永用。"记载了一个名叫匍的应国使者前往河北邢台一带的邢国进行正常的外交访问活动，邢国国君亲切地接待了匍，并赠送给他30斤红铜、1件用鹿皮制作的衣服、1件皮制的围裙。匍回到应国后，就用这些铜材制作了这件铜器，用来纪念这次成功出访邢国的事情。该器铭文反映了诸侯国之间所例行的外交情形。

6. 虢季列鼎、虢季列簋

名　称：虢季列鼎、虢季列簋
时　期：西周
现藏地：河南博物院

　　虢季列鼎，一组共 7 件，形制、纹饰与铭文均相同，大小依次递减，1990 年在河南三门峡市虢国墓地虢季墓出土，现藏于河南博物院。

　　虢国墓地位于河南省三门峡市北部的上村岭一带，是一处等级齐全、排列有序、保存完好的西周晚期至春秋早期虢国国君及贵族墓地。

　　此墓地发现于 1956 年，主要经过两次大规模发掘，共发掘墓葬 250 多座，出土大量的玉器、青铜器。虢国墓地的发现填补了中国西周考古史上的空白，为研究当时的文化、经济提供了重要的实物资料。

虢季墓 (M2001)、虢仲墓 (M2009) 的发掘，先后被评为 1990 年、1991 年度全国十大考古新发现之一；1996 年 11 月，虢国墓地被中华人民共和国国务院列为第四批全国重点文物保护单位；2021 年 10 月 18 日，入选全国"百年百大考古发现"。

铜鼎鼎口微敛，两侧有附耳与口沿之间连接，浅形腹，圆底，底部有三个兽蹄形足。口沿下部装饰一周窃曲纹，腹部装饰三周垂鳞纹，在两种纹样之间界以一道浅凹槽，鼎耳的内外两面均饰有珠重环纹。鼎内壁铸有竖款 4 行 18 字铭文，自右至左为："虢季乍宝鼎，季氏其万年，子子孙孙永保用享。"

虢季列鼎重量、尺寸对照表

鼎高（厘米）	39.8	36.8	34.6	32.1	29.6	28.2	25.4
口径（厘米）	44.2	42.6	39.6	37.2	32.4	31.8	28.6
重量（千克）	17.4	15.55	14	11.8	8.3	8.2	5.6

　　虢季列簋，一组 6 件，形制相同，大小、纹样与铭文略有差异，配有器盖，盖顶有喇叭形握手。铜簋口部微敛，鼓腹略微下垂近平底，腹两侧附龙首形双耳，龙长舌向下向内弯曲成半环形，耳下有垂珥，圈足下附三个矮支足。器盖面与器腹分别装饰数周瓦垄纹，耳及垂珥两侧面饰阴刻细线纹或卷云纹，圈足周围饰垂鳞纹或"火"字形卷云纹，簋足上饰兽面纹。每件器物均有铭文 2 行 7 字："虢季作宝簋，永用。"或 2 行 8 字："虢季作宝簋，永宝用。"大意是：虢季制作了铜簋，来保佑后世子孙。

虢季列簋重量、尺寸对照表

簋高（厘米）	23.4	23.8	23	23.2	22.8	22.8
口径（厘米）	18.2	18.8	19.4	19.4	18.8	19.2
重量（千克）	5.2	5.25	5.2	5.2	5.15	5.25

鼎和簋不仅是饪食器，亦是重要的礼器。西周时期，周王朝有严格的用鼎制度，虢季所用七鼎六簋陪葬，表明他为诸侯身份的虢国之君，完全符合当时的礼制规定。这也是周王威仪天下、社会稳定的体现。

虢国，是西周初年分封的重要诸侯国，发展到春秋时期，虢国贵族穷奢极欲，以至于在公元前655年，被晋国一举灭掉，留下了"假虞灭虢，唇亡齿寒"的千年遗恨。那"虢季"是谁呢？专家经过考证分析后认为，虢季就是虢国历史上著名的虢文公。他既是虢国之君，又是周宣王时期朝中的最高执行长官，是西周晚期一位名声显赫的诸侯王。虢季列鼎、列簋的发现不仅让我们再次认识了虢文公，更增进了我们对诸侯国贵族丧葬制度和礼俗的认识，为进一步研究古代礼乐制度提供了重要依据。

7. 黄金腰带饰

扫码观看视频

名　称：黄金腰带饰
时　期：西周
现藏地：河南博物院

　　金银是贵重金属，具有延展性，易锤打成形，又有亮丽的天然色泽，且不易氧化变色，是制作工艺品的良好材料。在中国，金银文化的发展历程可谓绵久而辉煌，早在距今 3000 余年前的商周时期，已经开始出现了金制品。

黄金腰带饰，一组 12 件，1990 年出土于河南三门峡虢国国君虢季墓，现藏于河南博物院。腰带饰由 1 件三角龙形带饰、3 件兽首形带扣、7 件圆形环、1 件方形环组成。三角龙形带饰：底部为等腰三角形，正面中部向上隆起，呈三棱锥体状，背面相应凹陷；沿底周围有外折边，并分布有 8 个方形小穿孔与 1 个长条形穿孔；表面为两组单首双身龙形，龙首为浮雕，有螺旋形双角，卷鼻，吐舌，口旁一对獠牙。兽首形带扣：正面略鼓起，饰一兽首，背面相应凹陷，中部有一小横梁。圆形环：器身扁平，正面均有两周凸弦纹，背面或凹或平，其中 6 件大环，大小、形状、厚薄相同，小环只有 1 件。方形环：器身扁平，正面有两周凸弦纹。

黄金腰带饰出土时位于墓主人腰部，应是墓主人腰带上的饰物，工艺繁复，造型精巧，装饰细密、讲究，以大小、高低、动静的对比，形成各种变化，造成节奏感，突出主题，对文化内涵进行清晰、流畅地表达。

西周后期，黄金腰带饰盛行，其出土地点集中在黄河中游的陕晋一带，既受到北方游牧民族黄金饰身习俗的启发，又融合了中原饰身传统。黄金腰带饰的组件是西周黄金制品中的珍品，多铸出精细的花纹，可见熔金铸器技术业已成熟。

8. "C"形龙形玉佩

名　称："C"形龙形玉佩

时　期：西周

尺　寸：直径 9.6 厘米，身宽 1.8 厘米

现藏地：虢国博物馆

　　"C"形龙形玉佩，直径 9.6 厘米，身宽 1.8 厘米，出土于河南三门峡市虢国国君虢仲墓，现藏于虢国博物馆。玉佩整体为青玉制，玉质细腻，半透明，呈豆青色，局部受沁呈黄褐色。龙的正面和背面所饰纹饰相同，有臣字目，眼角带钩，口微张，下齿上勾形成一个圆形穿孔。三角形尖尾与龙口相呼应，龙身上有爪。器身装饰有重环纹，一面有红色丝织物痕迹。

9. 龙首戈形玉佩

名　称：龙首戈形玉佩
时　期：西周
尺　寸：高 5.45 厘米
现藏地：虢国博物馆

　　龙首戈形玉佩，西周玉器，高 5.45 厘米，出土于河南三门峡市虢国国君虢仲墓，现藏于虢国博物馆。玉佩整体为青玉制，玉质润泽细腻，半透明，呈深冰青色，局部受沁有棕褐色斑。玉佩上端为龙首，龙眼带钩，张口卷鼻，鼻下有一穿孔，长角贴后脊，龙首下端为一短戈形。此玉佩设计罕见，构思巧妙，匠心独具。

10. 凤形玉佩

名　称：凤形玉佩
时　期：西周
尺　寸：高 10 厘米
现藏地：虢国博物馆

凤形玉佩，西周玉器，高 10 厘米，出土于河南三门峡市虢国国君虢仲墓，现藏于虢国博物馆。玉佩质地为青玉，玉质细腻，半透明。整体为一站立的凤鸟，尖喙微勾，头顶有双冠，翘尾，尾末端分叉，造型生动，雕琢精细。

西周时期人们对凤鸟有着特殊的喜爱和崇拜。周人的精神世界中凤的形象被美化到了极致，也神化到了顶点。"凤鸣岐山，周之兴也。"这个传说，讲述了一只神鸟凤凰，因为受到周文王仁德的吸引而栖息在周人聚集的岐山，它响亮的鸣叫唤起了周族的兴盛，从而凤鸟成为周王朝统治的象征。它的形象广泛出现在周王朝的每一块土地上，在青铜、玉器、丝织品等各种载体之上都能看到它华丽的身影。

东周

公元前 770 年，周平王东迁洛阳，史称"东周"。这一时期，王室衰微，列国争霸、礼崩乐坏。

春秋五霸、战国七雄以"三家分晋"为界，列国鼎、簋、编钟、竹简盟书、兵器等器物的出土，再现了东周时期列国征战与兼并的战争场景。同时，中原地区诸子百家对当时社会起到积极作用，中国传统文化中道、儒、法、墨等思想成为当时极富影响力的核心思想。

1. 九鼎八簋

扫码观看视频

名　称：九鼎八簋
时　期：春秋
现藏地：河南博物院

　　列鼎制度是西周时期贵族严明等级的体现，各级贵族不同的用鼎数，实际上也是规定了不同等级贵族所能享用的肉食珍馐种类。鼎在祭祀、宴飨、随葬时的数量，以贵族身份分为五等（天子九鼎八簋、诸侯七鼎六簋、大夫五鼎四簋、卿/士三鼎二簋、低级的士一鼎），依次递减，不得僭越，这便是"藏礼于器"。

　　变形蟠螭纹鼎，为 9 件列鼎；窃曲纹簋，为 8 件，1997 年在河南新郑郑韩故城 6 号祭祀坑出土，现藏于河南博物院。

　　郑国祭祀遗址位于郑韩故城东城西南部。1996 年 12 月至 1998 年 3 月，河南省文物考古研究所新郑工作

站配合中国银行新郑支行基建地，对其用地内遗迹进行抢救性发掘。发掘面积 8000 平方米，先后发现了 17 座青铜礼乐器坑和 45 座殉马坑，出土春秋时期郑国王室青铜重器 348 件。这批青铜礼乐器的发现和出土，填补了周代社祀礼制形式的空白，对于研究当时祭祀用鼎、用乐、用牲和与之相关的礼仪制度都具有重要的意义。同时，对揭示郑韩故城的布局以及研究当时青铜的铸造技术也都有重要的学术价值。该项目入选当年的全国十大考古新发现。

9 件铜鼎分别高 54.5 厘米至 47.5 厘米不等，形制相同，大小依次递减；均为圆形，口沿上立两耳外撇，方唇折沿，腹部微鼓，圆底近平；下部有带兽面的蹄形足三只；腹部饰变形蟠螭纹两周，中间加饰一周绹（táo）索纹，纹带中有六条竖扉棱将腹部花纹分成六等份，其中三条与三足上下对应。

8 件铜簋形制相同，大小相近，均为圆形带盖，盖上有喇叭形握手，溜肩，鼓腹，子母内敛口；器盖上部和器身下部有三周瓦棱纹，盖沿和身沿纹饰相对，分别为 7 件饰横 S 形窃曲无首双身单目虺（huǐ）龙纹、1 件饰窃曲形双首单目虺龙纹；腹两侧各有一龙首形半环耳，耳正反两面饰虺龙纹，圈形底座外侧饰一周变形蝉纹，带内折边，下立三扁形足，足上有鳞状纹。

"周室衰微不共匡，干戈终日互争强。"春秋时期，王室衰微、诸侯争霸，天下云扰幅裂，郑国曾用"九鼎八簋"向天下宣告自己的强盛，也向后人揭开了"礼崩乐坏"的历史现实。

扫码观看视频

2. 莲鹤方壶

名　称：莲鹤方壶
时　期：春秋中晚期
尺　寸：壶高 117 厘米
现藏地：河南博物院

　　壶，用来盛酒或水的容器。中国早期的壶，并非像现在有壶嘴、壶把，而是由壶口、壶颈、壶腹、壶足构成，有的壶还附有双耳。直到六朝以后，才在壶腹加置了流与柄。

　　莲鹤方壶，是春秋郑国国君墓出土的青铜礼器，现藏于河南博物院。

　　莲鹤方壶发现于 1923 年 8 月，出土于河南新郑李家楼大墓，该墓葬是一座春秋中晚期的郑公大墓。大墓出土青铜器组合较为完备，器型华丽，是郑国具有代表性的青铜珍品，遂以"新郑彝器"而名扬于世，在当时引起了极大的轰动，使世人第一次目睹了郑国青铜器的尊容。

　　该壶高 117 厘米，重 64.3 千克。壶身呈椭方体，修颈斜肩，垂腹圈足，整个壶身遍布纹饰。圈足下压着两条勾首顾盼的卷尾兽，张口咋舌，似乎倾其全力承托重器。圈足四面各有一对浮雕式伏虎纹，在伏虎纹下又布满细密的蟠螭纹。

　　主体装饰更加繁复而精致，壶身四面遍饰蟠龙纹，中央均以一正面龙纹作为主纹，龙纹四周则是侧面龙纹。

壶颈两侧有一对巨型回首龙形耳，两角竖起，长尾上卷

莲瓣中央，一只仙鹤昂首而立，引颈鸣啼，振翅欲飞

正面龙纹有爪形足，口吐舌。所有的龙身饰满相互盘绕的变形蝉纹，龙首俯仰不一。而左右两侧下方的龙纹，以龙首和凤首对称分布，首旁还各加缀写实的鸟纹。

壶颈两侧有一对巨型回首龙形耳，两角竖起，长尾上卷，龙身的镂空鳞纹精美绝伦。壶颈正反两面以及下腹四角，均饰有小型回首圆雕翼兽，与双耳的回首龙一同呈向上攀缘的动势，显得格外灵动。

冠盖上有双层镂空莲瓣，每个莲瓣均由龙凤合体的蟠龙纹组成，盖缘外壁上的窃曲纹首尾相连。莲瓣中央，一只仙鹤昂首而立，引颈鸣啼，振翅欲飞，仿佛带着离心前进的动力想要挣脱束缚，迎接曙光。莲鹤方壶之所以以此为名，就是源于壶冠设计的精妙与巧思。

莲鹤方壶，代表着一种新的生活观念和艺术理念，不仅反映了青铜艺术在春秋时期审美观念的重要变化，更蕴含着春秋大变革下百家争鸣、力求解放的时代精神。郭沫若先生说它"乃时代精神之一象征也"！

3. 青玉人首蛇身饰

扫码观看视频

名　称：青玉人首蛇身饰
时　期：春秋
尺　寸：外径 3.8 厘米，厚 0.2 厘米
现藏地：河南博物院

　　蛇，被先民认为是人类的始祖神而备受崇拜。古代先民对蛇的敬畏使之成为原始宗教的一种表现形式——图腾。人首蛇身的形象在《山海经》中就有多处记载，"自单狐之山至于提山……其神皆人面蛇身"，"轩辕之国在此穷山之际，其不寿者八百岁，在女子国北，人面蛇身，尾交首上"。

　　青玉人首蛇身饰，一对两件，外径 3.8 厘米，厚 0.2 厘米，在河南光山县春秋早期黄君孟墓出土，现藏于河南博物院。两件玉饰均呈扁平椭圆形，大小、薄厚基本相同，玉质呈青黄色。玉饰为侧面人首蛇身样式。相

对的人首与反向蜷曲的蛇身构成两个圆环。两件玉饰工艺略有不同，左侧玉饰人首部正面呈剔地阳刻工艺，背面为阴线刻法，右侧玉饰两面均为阴线雕刻。两件玉饰人物形象皆为覆舟式头发，细小的发丝根根可见，眼睛圆睁，突唇噘嘴，耳戴环饰，脑后长发上卷。蛇身纹饰相同，为双阴线刻变形龙纹。两件玉器的雕工和纹饰显示出极大的不一致性，尤其是玉饰的人首形象与石家河文化的玉人首非常相似，推测应是新石器时代流传下来的遗物又在春秋时期加工改制而成。玉饰造型独特，雕琢细致入微，体现出不同时期的迥异风格，是难得一见的艺术珍品。

雕琢复雕琢，片玉万年金。这对青玉人首蛇身饰，沁着（zhuó）神秘，使人透过曲折坎坷的历史之光，看到这神奇而广袤的大地上，孕育出丰富多彩、曲折灿烂、绵延不断、历久弥新的中国文化。

4. 兽面纹玉牌

名　称：兽面纹玉牌
时　期：春秋
尺　寸：长 7.1 厘米，宽 7.5 厘米，厚 0.2 厘米
现藏地：河南博物院

　　佩饰是玉器的最初功能之一，也是玉器最广泛的用途，在古代它不仅是简单的装饰，还是权势与地位的物质表征。

　　兽面纹玉牌，河南淅川下寺 1 号墓出土，长 7.1 厘米，宽 7.5 厘米，厚 0.2 厘米，由青玉制成，现藏于河南博物院。玉牌饰形体较大，为扁体片状，呈上宽下窄的倒梯形。玉质细腻，经侵蚀后显现出鸡骨白色。整体采用隐地浮雕的技法，雕工极为精细。主纹饰为下部正中长角圆睛的大兽面纹，兽眼近椭圆形，眼珠外凸，以横置的卷云纹为鼻翼，鼻梁粗直，宽大的双角分别向两边延伸又作 90 度上折内弯，角端隐没于其上的纹饰中。主纹被复杂繁密的螭龙纹围绕，螭龙做瞠目吐舌状。四周对称的牙脊实为变形龙头舌、鼻、眼、角的轮廓。玉牌上端正中为一简化的小兽面纹。玉牌纹饰细密，以多组抽象龙形与主纹错落相交，布局疏密有致。背面光素，上下端居中各钻一个小圆孔，应为嵌饰用品。简化的兽面纹和略显空白的上半部分都说明这是一件"半成品"，推测可能是墓主人突然去世急于下葬导致这件玉器没有最终完成。

　　"乘龙兮辚辚，高驰兮冲天。结桂枝兮延伫，羌愈思兮愁人。"听，楚人在诉说着他们"望神不去"的忧伤。

111

5. "黄夫人"甗形盉

名　称："黄夫人"甗形盉
时　期：春秋
尺　寸：通高 18.5 厘米
现藏地：河南博物院

　　"黄夫人"甗形盉，通高18.5厘米，出土于河南信阳市光山县春秋早期黄君孟夫妇墓，现藏于河南博物院。

　　器物顶部有圆形素面平盖，器壁较薄，通体素面。上半部为甗，下半为鬲，器物鼓腹部分为分裆式，有三只连裆短足，也称三袋足。器内有一圆形无孔木箅（bì）。腹部一侧有卷尾状曲形鋬，一侧有兽首流状孔，与流口呈直角。器上部一侧口沿下铸有铭文6行共16字："黄子作黄甫（夫）人行器，则永宝宝霝冬霝後。""霝冬"即"令终"，是金文里的习惯用语，"令"的意思，即善始善终。"令终令後"意为得享福禄名位而终，又有好的后嗣。根据四字用语，推断很可能铭文是专为女子所言，很可能是由于黄夫人去世时40多岁，且没有生育，故在随葬品上铭刻文字，以此祭奠逝者。

　　因该墓出土青铜器中许多都铸有铭文"黄君孟"或"黄子作黄夫人孟姬"等，所以专家推断该墓为黄国国君孟及其夫人合葬墓。"黄夫人"甗形盉上的铭文所示"黄子"即黄国国君，此盉是为其夫人孟姬所制。黄国青铜器在春秋中期以后出现的与中原铜器不同的形制，说明了这一时期社会发展的动向。黄国被楚国灭了之后，大批黄姓族人被迫迁至楚国腹地，定居在今湖北黄冈、黄石等地。还有一支则内迁至今湖北江陵、荆州一带。目前所见曲柄盉类器型，集中出土于河南、安徽、湖北三省交界处，进一步印证了当时黄国人的主要活动范围即在这一地区。

6. 踞坐铜人（一组）

扫码观看视频

名　称：踞坐铜人（一组）
时　期：春秋
尺　寸：高 13 厘米
现藏地：叶县县衙博物馆

　　叶县，古为豫州地，周属应侯国，春秋时期为许国国都，著名政治家、军事家叶姓始祖沈诸梁的封地，是许氏、叶氏后裔的祖地。

　　踞坐铜人（一组），河南平顶山叶县旧县四号春秋墓出土，高 13 厘米，共 16 件，现藏于叶县县衙博物馆。铜人均为裸体健硕的踞坐男性形象，头有菌状双角平贴，双耳外张，面部宽阔且微上仰，粗眉下二目圆睁，颧骨较高，张嘴露齿，以细平行线阴纹饰为头发，额顶有一横向直棱形凸饰。铜人双手紧扣，似乎用尽全力紧拉手中圆形铜环，生动逼真。16 件铜人形制、大小基本相同，体为中空，据推测可能是安装在磬架上面用于悬挂石磬的铜帽首，或插置悬挂石磬的木桦头。

　　庙堂上的乐音无法改变"邦无定交，土无定主"的混战局面，精致的乐饰已经历了数不尽的悲凉，只留下苍苍历史为后人歌唱——大风泱泱，大潮滂滂。

青铜神兽各部件拆分图

7. 青铜神兽

名　称：青铜神兽
时　期：春秋
尺　寸：通高 48 厘米
现藏地：河南博物院

扫码观看视频

　　楚，芈姓熊氏，公元前 1042 年楚始建国，被周成王封于丹阳，曾两次建都于河南，后逐渐南迁。楚国由一个远离中原的蕞尔小邦，最终跻身于"春秋五霸""战国七雄"的行列，公元前 223 年被秦国所灭。

　　青铜神兽，春秋晚期楚国器物，通高 48 厘米，河南淅川县徐家岭出土，现藏于河南博物院。被称为神兽是因为它造型奇特，构思离奇古怪：龙首、蛇颈、虎身、龟足、豹尾。龙首上兽角由六条小龙盘绕纠缠而成，双目圆睁凸起，张口吐长舌，口内獠牙交错，两颌后各塑有一曲绕的柿蒂花形耳。神兽身体做虎形，长颈高昂，脖颈上折出子口以套龙首，前身下卧，弯腰翘臀，豹尾上扬并后卷，兽腿粗大健壮，足部呈龟足状扁平着地。虎背方形卯口，上插一方形榫头的曲尺形支座，支座上承接一奔兽，奔兽口中衔一吐舌的曲体龙，两后爪蹬于神兽颈部，似乎正在跳跃，优美的线条勾勒出它矫健的身躯。神兽臀部有弯曲盘绕的龙形插座，虎身腹下有一半环状纽。神兽通体以大量孔雀石镶嵌出龙形、凤鸟形、云纹、涡纹等图案，碧绿华贵，弥漫着浓厚的神秘色彩。附着在兽体上的这些怪兽，并非与神兽连成一体，而是利用分铸活套方法使附件可插接在主体上，使之可进行自由拆装，且部件之间对接紧密，充满力学原理，展示了楚人对青铜铸造艺术的独特理解。

　　这件青铜神兽，设计巧妙，铸造精美，散发着楚的浓厚巫风留存的远古信息，它不仅是楚人对中国青铜铸造工艺的贡献，更是楚人向往"驾婉龙以周游八极"的浪漫自由情怀的真实体现，给人极富抽象形式意味的美感。

粗细不同的铜梗盘绕而成错综复杂又玲珑剔透的镂空云纹

8. 云纹铜禁

扫码观看视频

名　称：云纹铜禁
时　期：春秋
尺　寸：纵长约 131 厘米，横宽约 68 厘米，高约 29 厘米
现藏地：河南博物院

　　禁，是古代贵族在欢宴或祭祀时，放置于庙堂上用于盛放酒杯、酒壶的案子。因周人吸取商人"酗酒亡国"的教训，有"禁戒饮酒"之意。

　　云纹铜禁，青铜礼器，纵长约 131 厘米，横宽约 68 厘米，高约 29 厘米，重 94.2 千克，1978 年在河南南阳淅川下寺春秋楚墓出土。器呈长方体，底部中空，由禁面及四周侧壁组成，壁厚不足 5 厘米，禁体上部中间为一长方形面，面周围及四壁均以内外多层、粗细不同的铜梗盘绕而成错综复杂又玲珑剔透的镂空云纹；禁体四周有 12 条龙形怪兽，兽有大角，张口吐舌，挺胸扬尾，攀附于器壁之上，做窥探状，有欢跳欲活之感；底座四角为 12 个首饰高冠，昂首吐舌、挺胸凹腰、扬尾承器的虎形足承托器身，构筑起铜禁的庄严与神圣。

　　云纹铜禁造型奇特，纹饰细腻繁缛，工艺复杂精湛，是我国目前发现最早的在铸造工艺中使用失蜡技术与焊接技术的实物例证。它的出土不仅对研究我国古代青铜器及楚文化具有重要的价值，而且对研究我国古代科技史具有更为重要的意义。

　　"庚寅去吴西适楚，秋晚孤舟泊江渚。"曾经的国度如烟般消散，每一个中国人，都在回望那个充满力量和自信的朝代，因为那里留下了强大民族千古不衰的延续。

9. 蟠龙铜建鼓座

扫码观看视频

名　称：蟠龙铜建鼓座
时　期：春秋
尺　寸：通高约 16 厘米，直径 74.5 厘米
现藏地：叶县县衙博物馆

　　建鼓，古称楹鼓、悬鼓等，鼓身长而圆，中间粗，两端细，两面蒙皮，因一条长木柱贯穿鼓身，插入鼓座而立，音量宏大，传播甚远，曾为历代宫廷所用。

　　蟠龙铜建鼓座，河南叶县旧县四号春秋楚墓出土，通高约 16 厘米，直径 74.5 厘米，是承插建鼓的底座，现藏于叶县县衙博物馆。鼓座由圆筒形底、六层三十二只蟠龙和中心圆筒柱组成。圆筒形底外饰变形波曲纹一

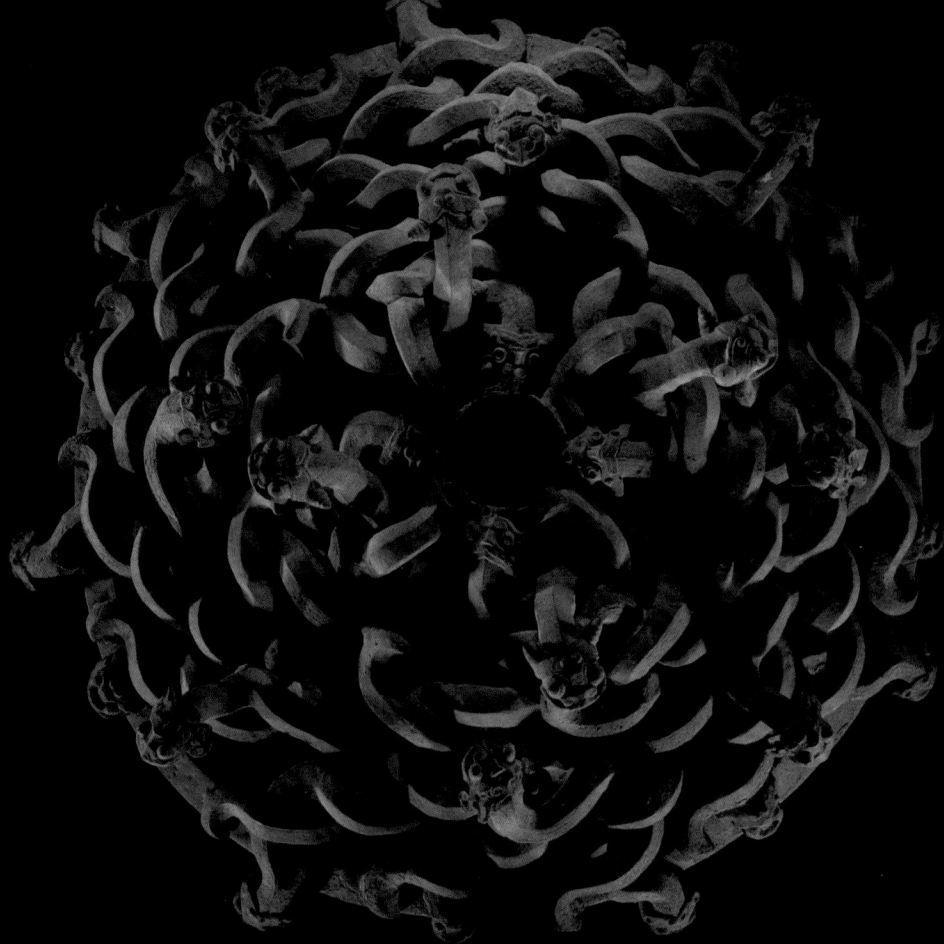

周，三十二只蟠龙形制相近，龙体为五棱体，相互穿插缠绕而连成一体。其中，由中心圆筒柱向外，共四层，每组四条蟠龙，依次分别两组龙首向内，两组龙首向外；接圆筒底一组蟠龙八只，龙颚搭于底边，另有八只蟠龙龙首外伸，咧嘴凸目。整个鼓座造型精美奇特，蟠龙之间盘绕巧妙，变幻莫测，生动有序。

"鼓声三下红旗开，两龙跃出浮水来。"当鼓槌有力地与鼓面撞击，那隆隆鼓声仿佛惊醒了群龙，它们或仰或伏……视觉与听觉在这件器物上完美统一，是春秋时期建鼓座中难得的珍品。

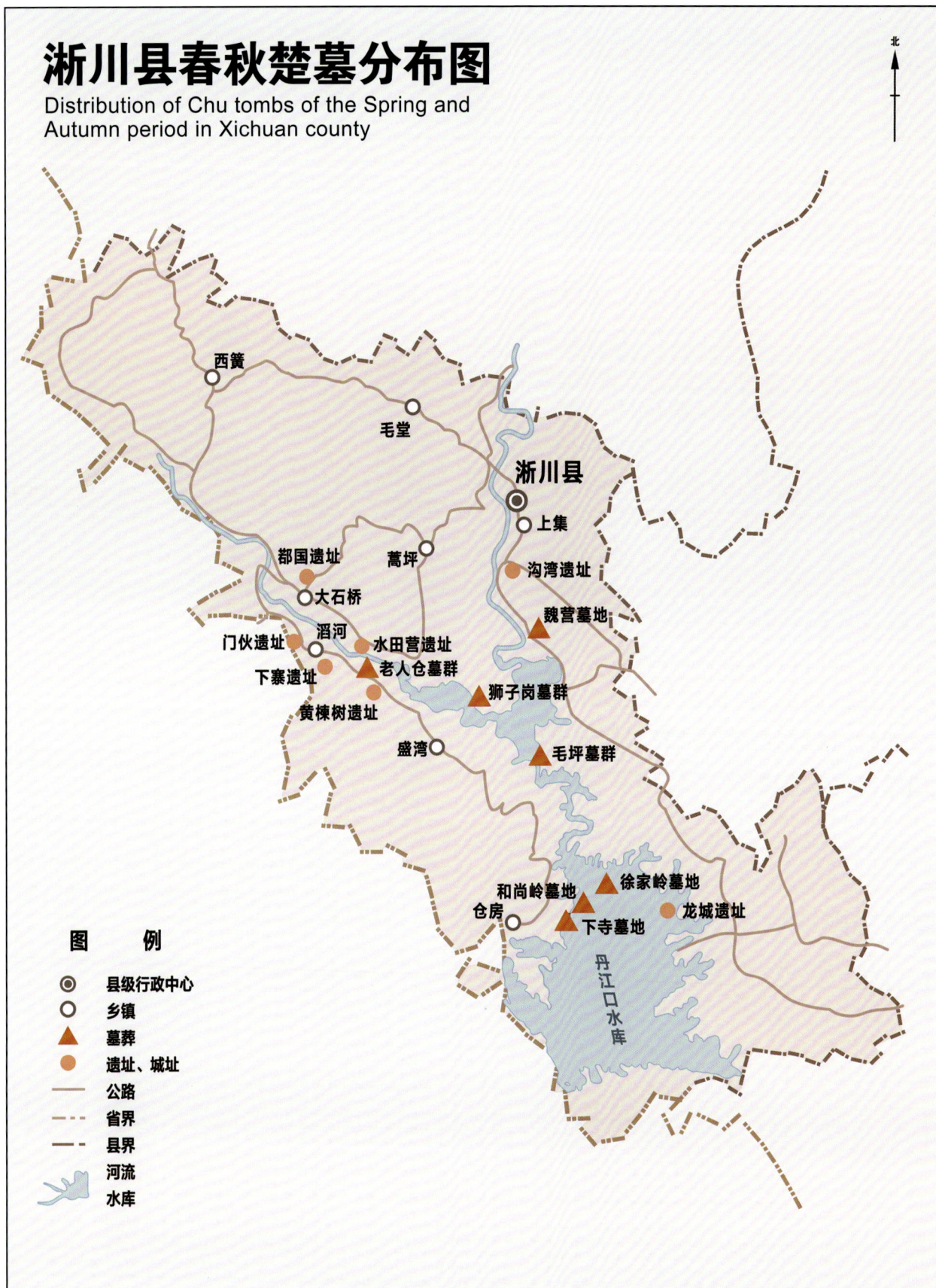

淅川县春秋楚墓分布图

Distribution of Chu tombs of the Spring and
Autumn period in Xichuan county

北

西簧

毛堂

淅川县
上集
沟湾遗址
郡国遗址   蒿坪
大石桥   魏营墓地
门伙遗址   淌河
下寨遗址   水田营遗址
黄楝树遗址   老人仓墓群   狮子岗墓群

盛湾   毛坪墓群

和尚岭墓地   徐家岭墓地
仓房   下寺墓地   龙城遗址

丹江口水库

图　　例

◎   县级行政中心
○   乡镇
▲   墓葬
●   遗址、城址
──   公路
-·-   省界
- -   县界
       河流
       水库

10. 王子午鼎

名　称：王子午鼎
时　期：春秋
尺　寸：口径 58.3 厘米，通高 49 厘米
现藏地：河南博物院

扫码观看视频

　　青铜器的工艺创作是一个完整的系统过程，多数器物的器型、铸造、纹饰、铭文等为一体，紧密结合，构成青铜器独特的美。

　　王子午鼎，口径 58.3 厘米，通高 49 厘米，春秋时期青铜礼器、食器，1978 年在河南南阳市淅川下寺发掘出土，现藏于河南博物院。铜鼎侈口、束腰，平底下有三蹄足；口沿攀附六条龙形怪兽，做探水状，凹腰翘尾，口衔外沿，后足蹬腰箍；两侧有一对斜出方形竖耳，器身满饰半浮雕夔龙、窃曲和云纹。

　　器壁内侧铸有鸟书铭文 14 行 83 字："隹正月初吉丁亥王子午择其吉金自作鼎彝□鼎用享以孝与我皇且文考用祈眉寿卤袭□犀□期□□敬氏盟祀永受其福余不□不□惠于政德惠于威仪阑阑兽兽令尹字庚□民之所敬万年无期子孙是制。"（铭文有残缺）大意为：王子午铸鼎以祭先祖文王和进行盟祀，并因施行德政，所以受到楚国民众的敬重。希望子孙后代，永远以此作为自己行动的准则。根据铭文得知，墓主人又称子庚，曾在楚国担任令尹一职，相当于后世宰相。

　　王子午鼎不仅是楚国审美观影响下的产物，更是春秋时期楚式鼎的代表，其中口沿处攀附的六条龙形怪兽附件，是迄今所知我国最早采用失蜡法铸造的铸件之一。它以独特的器型、繁缛的纹饰、飘逸灵动的铭文字体和丰富的铭文内容，揭示了鼎主人极为显赫的身份，成为研究楚文化的珍贵资料。

11. 王孙诰编钟

扫码观看视频

名　　称：王孙诰编钟
时　　期：春秋
现藏地：河南博物院

　　王孙诰编钟，春秋中期礼、乐器，1978 年在河南淅川下寺楚墓出土，现藏于河南博物院。编钟由 26 枚甬钟组成，形制相同，尺寸大小依次递减。最大一枚钟通高 120.4 厘米，重 152.8 千克；最小一枚钟通高 23.35 厘米，重 2.8 千克。

　　钟体均为合瓦形，钟口大而舞部小。舞部正中有圆柱状甬，甬上细下粗，饰四组蕉叶纹。接近钟体位置附有旋和斡（wò），旋为带状，斡为长方形并有长方形孔。钲为梯形，四周以绳索纹做装饰。篆间均有 9 个柱状枚，

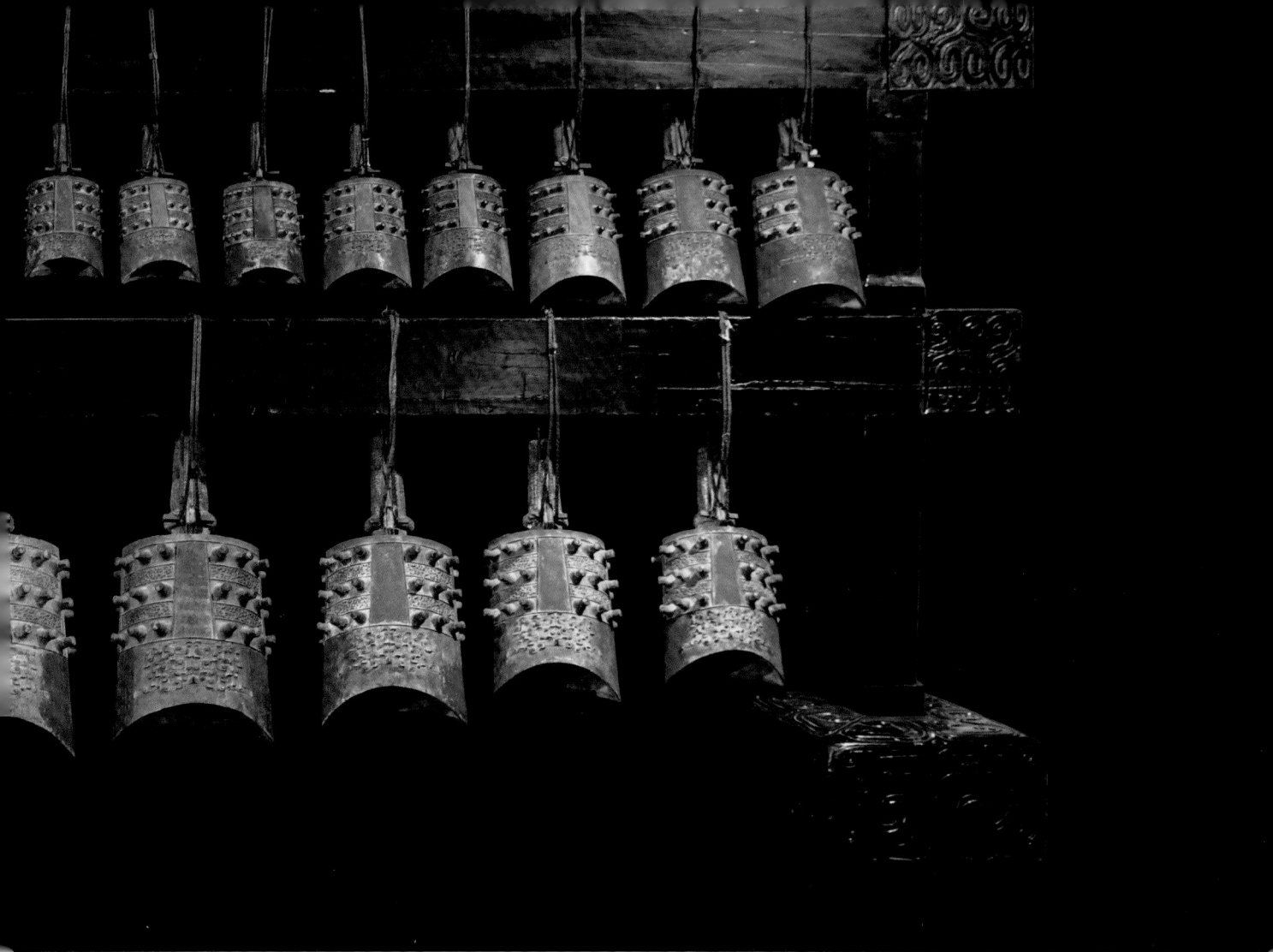

枚顶微弧，枚下有圆形基座。钟体表面及甬部周围均铸有浮起的花纹，舞部、篆带饰蟠虺纹，甬部饰两组对称的变形象首纹。16 件钟内壁口边均有调音所致的磋磨痕迹。

每一枚钟均有铭文，大型钟铸于正面钲部和鼓部，中型钟铸于正面和背面，小型钟分别由 2 件、3 件、4 件共铸一篇。26 枚钟体共铸 17 篇相同铭文，每篇约 110 字，大意是：王孙诰为款待诸侯宾客而铸此编钟，以祈福康乐之用。除行款不同外，少数钟有缺字。

经测音得知，下层 8 枚钟为低音部，音阶稀疏，做和声用；上层 18 枚钟为中、高音部，音阶密集，用于演奏主旋律。

"八音之中，金石为先。"以编钟为主的庙堂雅乐，奏响了中国独特的礼乐文化之声，这种礼乐制度以海纳百川、辐射四方的特性，在中国传统音乐的起始、形成、发展过程中，汇聚出强大的凝聚力和影响力，向世人展示着中华民族的磅礴力量。

12. 梁平首布

名　称：梁平首布
时　期：春秋
尺　寸：高 6.4 厘米，足宽 4.35 厘米，厚约 0.15 厘米
现藏地：平顶山博物馆

　　中国古代货币伴随着商品生产和商品交换而产生，一般认为它出现于夏商时期，终结至清末。中国古代货币以金属铸币为主体，历经数千年形成了具有鲜明民族特色的东方货币文化体系，是中华民族传统文化的瑰宝。

　　梁平首布，战国货币，高 6.4 厘米，足宽 4.35 厘米，厚约 0.15 厘米，重 14.74 千克，现藏于平顶山博物馆。这件平首布圆肩，桥裆，方足。正面铸字清晰，从右至左有"梁正 / 尙（bì）百 / 尙（dāng）乎（lüè）"六字铭文。"梁"是古地名，战国后期魏国的都城，在今河南开封。第一个"尙"读为"币"，第二个"尙"读为"当"，意思是梁国一个单位的货币一百枚相当一乎的重量，一乎等于 80 两，合今天的 1250 克。

　　布币是在先秦时期使用时间较长、流通较为广泛的一种金属铸币，主要流通于当时的中原地区。它仿照原始生产工具"布"制作而成，依照外形不同划分为空首布、平首布、尖足布等。据专家考证，带有"梁"字的平首布是铸行并出土于古梁国的境内，存世数量极少。"梁"即《史记》中的"少梁"，而非"大梁"，是魏国早中期的货币，由空首布简化而来，但体积略小于空首布，重量也较轻。这件梁国平首布品相完整，字迹清晰，文字俊逸挺拔，是研究魏国早中期历史的重要实物资料，具有极高的学术价值。

13. 银空首布

名　称：银空首布

时　期：春秋

尺　寸：通高 10.8 厘米，厚 0.2 厘米

现藏地：河南博物院

　　银空首布，通高 10.8 厘米，厚 0.2 厘米，重
134.1 克，1974 年在河南扶沟古城村出土，现藏于
河南博物院。空首布形似长方形铲，空首，平肩，
肩两端各有一锥形突起。这件空首布在一同出土的
18 件银布币中是唯一的一件空首布，年代至迟为春
秋中期，是我国目前发现的最早的银布币实物。

14. 嵌孔雀石云纹铜方豆

名　称：嵌孔雀石云纹铜方豆
时　期：战国
尺　寸：通高 24.5 厘米，口径 12.9 厘米
现藏地：河南博物院

青铜豆出现于商代晚期，在西周较为多见，在春秋晚期至战国中期最为盛行，与鼎、壶等的组合经常出现于大、中型墓葬中。

嵌孔雀石云纹铜方豆，通高 24.5 厘米，口径 12.9 厘米，1935 年在河南汲县（今卫辉市）山彪镇发掘出土，现藏于河南博物院。铜方豆豆盘与豆盖口均为正方形，铜豆盘身为方斗形，口沿处有子母口，可与器盖扣合，盘身下有上粗下细高柄、喇叭圆盘形座。铜豆盖为覆斗形，有矮托承接圆形捉手。铜方豆纹饰细腻而精美，通体满饰云纹，并以不同形状的孔雀石镶嵌，华丽而稳重，具有非常高的艺术价值，是研究战国时期青铜工艺珍贵的实物材料。古代先民最早用豆盛放黍稷，后演变为专门盛放腌菜、肉酱等调味品。使用时，器盖打开仰置，也可盛放食物。

青铜豆的出现和使用、变化和发展，无不表达了我国商周文化的历史进程，同时也是展现这一时期青铜铸造工艺以及社会形态变化的证物。

15. 高柄漆木耳杯

名　称：高柄漆木耳杯
时　期：战国
尺　寸：通高 21.8 厘米，杯面宽 15 厘米，长 18.3 厘米
现藏地：平顶山博物馆

　　漆耳杯作为盛酒的生活用具，在楚国得到广泛使用，成为楚国墓葬中出土数量最多的漆器，基于楚人生命与自然的意识，通过审美与用途的结合，取众家思想，形成了自己独特的设计语言。

　　高柄漆木耳杯，战国漆器，通高 21.8 厘米，杯面宽 15 厘米，长 18.3 厘米，2012 年在河南叶县辛庄战国楚墓出土，现藏于平顶山博物馆。耳杯为椭圆形，一对半月形耳，底部正中含有八边形柄，一周装饰凸起环握，下接高喇叭形座。杯内髹（xiū）红漆，外髹褐色漆，用黑色彩绘旋涡纹、变形云纹等，纹饰华丽，构图严谨，线条流畅。特别是黑、红、褐三色对比鲜明，显得富丽堂皇。

　　叶县辛庄战国楚墓距古叶邑故城仅 3 公里，经考证，墓主人应为楚国上层社会的贵族。高柄漆木耳杯的出土，为研究战国时期贵族墓葬的年代、楚国贵族的社会生活状况提供了丰富的实物资料，为推动楚国漆器文化和整个楚文化的继承发展提供了研究依据，具有重要的学术价值。

扫码观看视频

16. 错金豹形器座

名　称：错金豹形器座
时　期：战国
尺　寸：高 11.2 厘米，直径 24 厘米
现藏地：河南博物院

　　有人说它是压物的"镇"，也有人说它是帐架、屏风等的"座"，种种猜测和推理都不能准确界定这件器物本身的实际用途，但通过器物的造型、纹饰以及工艺，却为世人揭秘出了商周时期最尖端的冶炼技艺与艺术。

　　错金豹形器座，青铜器座，整体似一头盘卧的豹子，造型极为生动别致，豹身满饰橘瓣状豹斑花纹，每个橘瓣状花纹皆有错金丝勾边，花纹间隙镶有金箔，可见当时的错金银技艺已相当成熟。豹子颈部戴扁带形项圈，说明豹子这种猛兽在战国时期就曾被人类降服过，从该豹子的姿态与神情不难看出豹子颇有臣服之意。豹子右前腿弯曲，爪牙握抱一长方体銎（qióng）管，此銎管为两次铸造，器座底部可看出銎管纳于"井"字形框架内，有明显范缝痕迹。

　　该器物对研究我国东周时期的历史具有重要价值。虽然我们还需更多类似考古材料的出土来加以佐证我们对它用途的猜想，但相信不久的将来，我们就会被新的发现再次震撼。

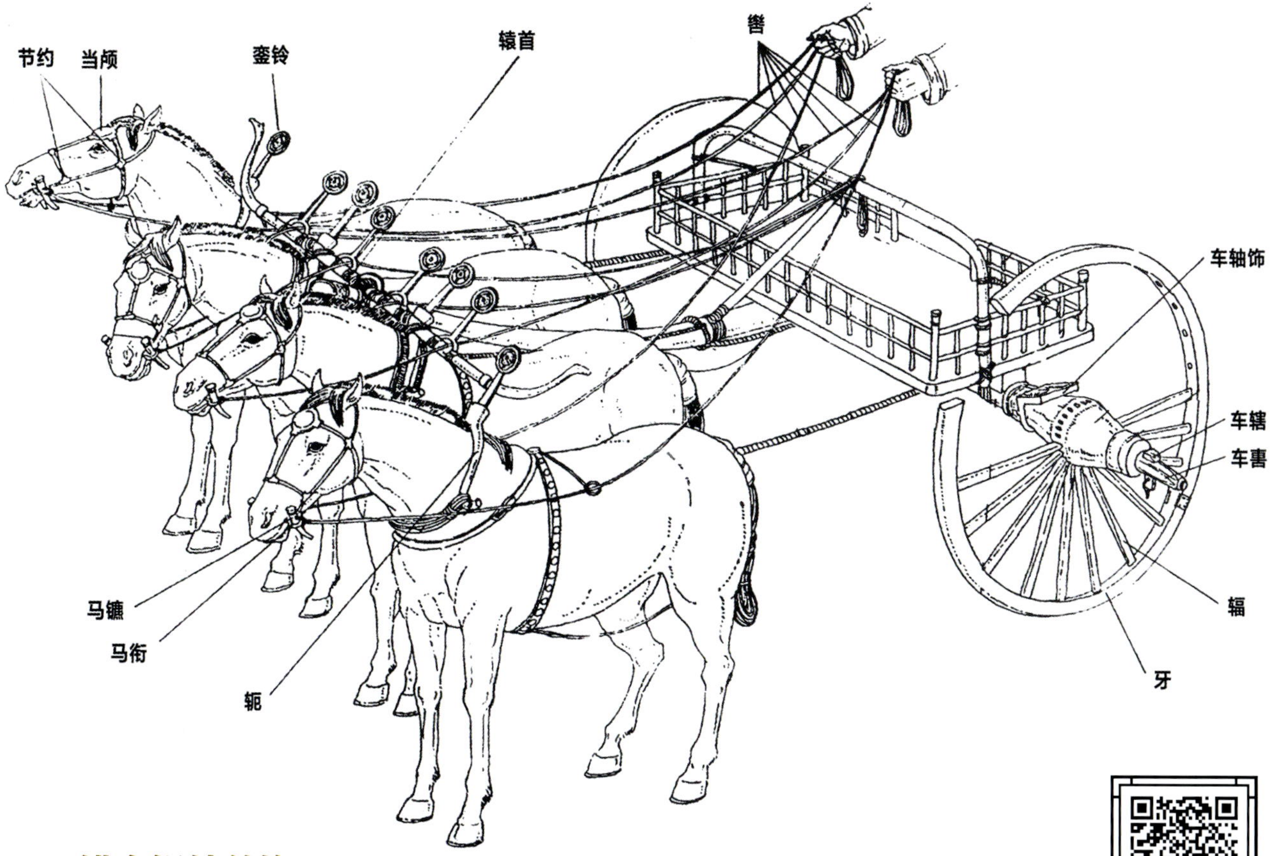
节约
当颅
銮铃
辕首
辔
车轴饰
车辖
车軎
辐
牙
马镳
马衔
轭

17. 错金银辕首饰

扫码观看视频

名　称：错金银辕首饰

时　期：战国

尺　寸：纵长 22.5 厘米，高 8.3 厘米，横宽 12.2 厘米

现藏地：河南博物院

战国时期的中华大地，大大小小的诸侯国基本都拥有自己独立的武装力量。战车的数量，则成为衡量军事力量强弱的一个标准。这一时期，乘坐马车是贵族的特权，是等级和身份的象征，贵族们均热衷于用精美的饰件来装饰车马。

错金银辕首饰，是装饰在车辕前端的饰件，在河南淮阳县（今周口市淮阳区）马鞍冢楚墓出土，现藏于河南博物院。辕首饰呈圆筒状，纵长 22.5 厘米，高 8.3 厘米，横宽 12.2 厘米。前部为昂起龙首，后端平直，尾部开口，断面呈椭圆形，龙首宽嘴前伸，张口露齿，长鼻，大眼；颈部正中银错一“立”字。整个头部呈扁形，多处银错卷云纹，鼻、耳处错金，金须银齿，造型别致，装饰华美，工艺精湛，黄、白两色饰以青铜铸件，拥有闪亮夺目的光彩，使我们依稀可见“我车煌煌，为王前驱”的壮观场面。

从已经出土的甲骨文、金文中，我们可以看到与“车”有关的文字“”，该文字从画面上看像是两个轮子一个辕，辕端有衡。《方言》云：“车辕，楚卫人名曰轴也。”《说文解字》：“轴，辕也；辕，轴也。”后林尹注：“大车谓之辕，小车谓之轴。”

秦汉魏晋南北朝

（前 221—公元 589）

公元前 221 年，秦始皇统一中国，"海内为郡县，法令由一统"。中华文明进入到大一统国家的文明阶段，开启了统一的多民族国家形成发展的新阶段。

公元前 221 年，秦灭六国统一天下。秦始皇推行一系列改革措施，书同文、车同轨，统一文字、货币、度量衡，郡县制取代分封制。秦王朝的一系列改革措施，对当时和以后中国经济、文化的发展，统一的多民族国家的形成与发展，产生了巨大而深远的影响。

扫码观看视频

1. 秦始皇廿六年诏书权

名　称：秦始皇廿六年诏书权
时　期：秦
尺　寸：高 15.8 厘米，直径 25 厘米
现藏地：河南博物院

所谓"权"，古时专指秤锤，是悬挂秤杆之上可以移动的秤砣或砝码。

秦始皇廿六年诏书权，是 1986 年在河南宝丰出土的秦代文物，器物呈半球状，生铁铸成，平底实心，其身铸有阳文篆体铭文共 40 字，自右向左均匀环绕一周，此铭文内容与秦统一度量衡颁布的诏书完全相同。铭文大意为："二十六年秦始皇兼并了各诸侯国，统一了全国，百姓安居乐业，立皇帝称号，下诏书令丞相隗状、王绾制定统一度量衡的法令，把混乱和不统一的度量衡都统一起来。"

秦始皇统一度量衡制度对当时乃至之后的中国政治、经济、文化等的形成与发展都产生了巨大且深远的影响。作为衡器的"权"，虽然其功能随着诸多近代衡器的普遍使用而削弱，但"权"的内涵却有了不同的外延，并在历史长河的进程中不断延续着。

2. 四神云气图

名　称：四神云气图
时　期：西汉
尺　寸：长 5.14 米，宽 3.27 米
现藏地：河南博物院

秦朝末年，刘邦在永城斩蛇起义，并以此为据点东征西战，推翻秦朝，击败项羽，建立大汉帝国，永城芒砀山成为汉兴之源。

西汉初年，实行郡国并存制度，梁国是重要的诸侯国之一，梁孝王刘武是汉景帝的胞弟，曾协助景帝平定"七国之乱"，深得重用，是具有一定实力的诸侯王。

汉代是中国墓葬壁画创作的第一高峰期，墓葬壁画内容丰富、题材多样，在中国美术史上占据了极其重要的地位。

四神云气图，墓室壁画，1986 年在河南商丘市永城芒砀山的梁孝王之子梁共王刘买之墓出土。

梁共王陵于 1987 年发掘，1991 年发掘结束，被评为"1991 年全国十大考古新发现"之一；属于大型崖洞墓，坐东面西，系人工在坚硬的岩石中开凿而成，全地宫由墓道、甬道、主室、武库、仓屋、衣物存放室、庖厨、沐浴室、厕间、货币贮藏室、巷道及排水系统组成，长 70 余米，总面积 383 平方米。

壁画长 5.14 米，宽 3.27 米，面积 16.8 平方米，主体由青龙、白虎、朱雀、怪兽等内容组成。壁画正中绘

四神云气图，主体由青龙、白虎、朱雀、怪兽等内容组成

扫码观看视频

长须飘摆、骄首蜿蜒的青龙。龙眼圆瞪，角似鹿角，脊背处有一对翼，前两足踏云纹、长枝花朵，后两足踏朱雀尾和长枝花朵，造型动感十足，犹如疾驰于云中；巨龙张口卷舌，钩住一鸭首、麟身、鱼尾的怪兽，有学者认为是《山海经》中的"鱼妇"，具有灵魂转化死而复生的美好愿望；龙背有一朱雀，两脚一前一后踩于壁画顶部，长喙衔龙角，细颈生花朵，长尾与云纹相连；龙腹下绘腾跃状白虎，前爪攀神树，后足踏云纹，身绘条纹状斑，口衔长枝花朵仰头而上，有吞食前方灵芝之势，体态矫健；玉璧、云气纹绘于壁画四周边缘，直线穿过圆璧，配以云纹填充其间。壁画色泽浓重饱满，以红、黑对比色调为主，兼以白、绿等色调配，和谐统一、层次丰富。

"乘龙兮辚辚，高驼兮冲天。"西汉时期的墓葬壁画是一个特定历史阶段的产物和文化现象，"四神"之形象以及灵芝、花朵、云气、玉璧等纹饰，在这里是祥瑞的表达，体现了汉人对生命存在的认识，表达了其对生命的热爱。

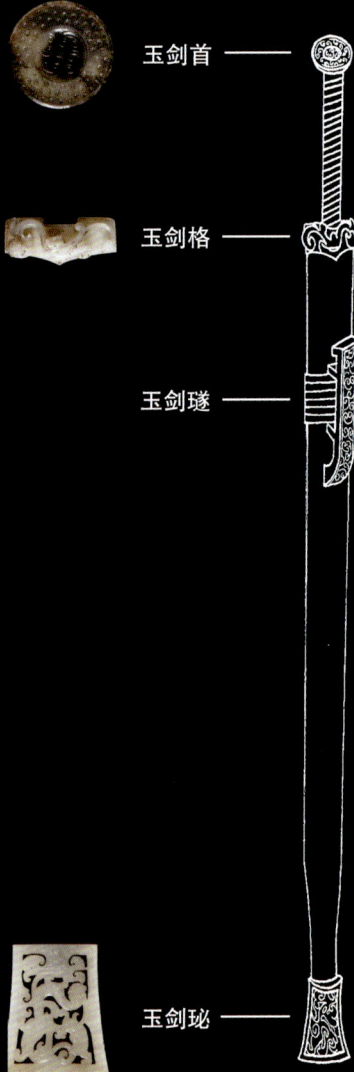

玉剑首 ———

玉剑格 ———

玉剑璏 ———

玉剑珌 ———

3. 玉剑饰（三件）

名　称：玉剑饰（三件）
时　期：战国至汉代
现藏地：河南博物院

　　玉剑饰为装配在剑身及剑鞘上玉质部件的总称，通常由玉剑首、玉剑格〔或称玉剑镡（xín）〕、玉剑璏（zhì）及玉剑珌（bì）组成。玉剑饰的起源可追溯至西周时期，流行于战国至汉代。此玉剑饰由玉剑首、白玉浮雕蟠螭纹玉剑格、白玉透雕螭纹玉剑珌组成，1986 年在河南商丘永城芒砀山僖山汉墓出土，现藏于河南博物院。

玉剑首

　　玉剑首，镶嵌在剑柄之首端，体呈褐色扁圆状，直径 5.2 厘米，厚 0.6 厘米，顶面内区中央有一球面凸起，中心有五个小方格组成十字形，周围浅雕四组勾云纹，外区浮雕谷纹，底面有三孔，孔外有一道深槽与三个小孔相连，用于插入剑柄。

白玉浮雕蟠螭纹玉剑格

　　白玉浮雕蟠螭玉纹剑格，置于剑鞘与剑柄交界之处，长5.7厘米，宽1.9厘米，厚2厘米，正面高浮雕一身体修长的蟠螭，身躯弯曲，回首卷尾，背面阴线刻兽面纹和勾云纹，侧视呈菱形，中部有一长椭圆孔可供穿插。

白玉透雕螭纹玉剑珌

　　白玉透雕螭纹玉剑珌，是嵌于剑鞘末端的装饰品，长7.7厘米，厚1.2厘米，梯形透雕。上部为兽面纹，中部为一穿游于云中的蟠螭，下部一小熊兽咬住螭尾，俏皮可爱，周边饰有勾云纹，上端有一长圆形孔。春秋晚期开始，玉质剑具已于铜剑上装备。《楚辞·九章·涉江》中提到："带长铗之陆离兮，冠切云之崔嵬（wéi）。"佩戴长剑似乎成为士大夫的时尚潮流。

　　剑饰静默，却非无声，转过身，似乎就能听到那时的厮杀与吼叫，硝烟，在另一个世界继续弥漫。

4. 金缕玉衣

名　称：金缕玉衣
时　期：汉
现藏地：河南博物院

　　玉衣是汉代帝王和高级贵族死时使用的殓服。在汉代文献中，又称"玉匣""玉柙"。依据穿缀玉衣片的丝缕质地的不同，分为"金缕玉衣""银缕玉衣""铜缕玉衣"和"丝缕玉衣"。

　　金缕玉衣，玉质，汉代文物，1985年在河南商丘永城僖山一号汉墓出土，现藏于河南博物院。玉衣分为头罩、上衣、裤子、手套和鞋五大部分。头部由脸盖和头罩组成，脸上勾勒鼻子的轮廓。上衣由前片、后片、左右

袖筒组成。裤子、手套、鞋各分左右两件。手部做握拳状，鞋为方头高腰形。全套玉衣共由 2008 片不同色泽、不同大小、不同形状的玉片组成，以碧青色玉衣片数量最多。玉片之间用金丝加以连缀。另附有供手握的玉猪、口含的玉蝉、玉耳塞、玉鼻塞等，与玉衣构成一套人体外完整的外衣。

山芒砀，梁国可见，一方又一方的玉片释怀不了君王的哀愁，烟雾缭绕飘袅袅，洒酒焚香纸潇潇，永恒，只在历史中留存。

5. 鎏金动物摆件（一组）

扫码观看视频

名　称：鎏金动物摆件（一组）

时　期：汉

现藏地：河南博物院

鎏金铜牛

鎏金铜牛，东汉铜摆件，牛高 5 厘米，体宽 3.5 厘米，身长 7 厘米。铜牛呈站姿，双目前视，一对弯角内勾，两耳竖起，身体浑圆结实，四肢有力，蹄踩地，尾巴贴臀部下垂，通体鎏金。1974 年 3 月在河南洛阳偃师出土，现藏于河南博物院。

鎏金铜象

鎏金铜象，东汉铜陈设品，小象高 3.5 厘米，体长 4.5 厘米。小象身体丰满，后肢弯曲，低首俯视，长鼻下垂并内勾，两耳贴于两侧，象牙较短，尾巴短小并向右甩，通体鎏金。1974 年 3 月，在河南洛阳偃师出土，现藏于河南博物院。

鎏金麒麟

鎏金麒麟，东汉铜陈设品，高 7.5 厘米，身长 5 厘米。麒麟呈站立姿态，昂首抬头，短耳，体态圆润丰满，前两蹄踩地，后两蹄微曲，通体鎏金，并装饰有线刻纹饰。在 1974 年 3 月，河南洛阳偃师出土，现藏于河南博物院。

鎏金银铜马

鎏金银铜马，东汉铜陈设品，马高 5.9 厘米，身长 6.2 厘米，呈站姿，昂首张口，耳朝前，鬃毛短而整齐，尾巴后翘，左前肢在前，右前肢稍后，脸部有一穿孔。器身鎏以金银，并装饰有线刻花纹，1974 年 3 月，在河南洛阳偃师出土，现藏于河南博物院。

6. 五凤铜熏炉

名　称：五凤铜熏炉
时　期：汉
尺　寸：通高 20 厘米，底盘直径 21.5 厘米
现藏地：河南博物院

　　五凤铜熏炉，汉代青铜器，通高 20 厘米，底盘直径 21.5 厘米，1989 年在河南焦作嘉禾屯窖藏出土，现藏于河南博物院。

　　铜炉主体为一只站立的凤凰，以双爪为支撑点，铆于底部的圆盘上。凤昂首高冠，口衔圆珠，振翅挺胸，胸前与双翅上有羽状纹饰。腹部为中空，翅部与腹部用穿钉连接，背部的器盖可向左右两边自由开合，装饰的镂空花纹可使腹部内所盛香料燃起后袅袅而上的烟散发出来，构思巧妙；凤尾、凤翅也装饰镂空弧形和长方形小孔；胸前、双翅和尾部各饰有一只立体雏凤，加上主体的凤鸟形象共计有五凤，故而得名"五凤铜熏炉"。底部的圆盘平底、折沿，下饰三乳足，既起到了稳固熏炉的作用，又可盛接可能落下的香料灰烬。

　　五凤铜熏炉造型独特，构思精巧，细部刻画精美清晰，历经千年风霜，依旧保存完整，主、附件齐备，集实用性与观赏性于一体，是一件不可多得的精美的仿生型熏炉。

　　熏炉，就是用于熏香的炉具，是为了迎合古人熏香的习俗而产生的。我国用香、熏香的历史悠久，熏香器具亦随之产生。新石器时代就已出现陶质熏炉，西周时期还设有专门掌管熏香的官职，战国时期出现了铜质熏炉，西汉中期熏炉使用进入了第一个发展高峰时期。

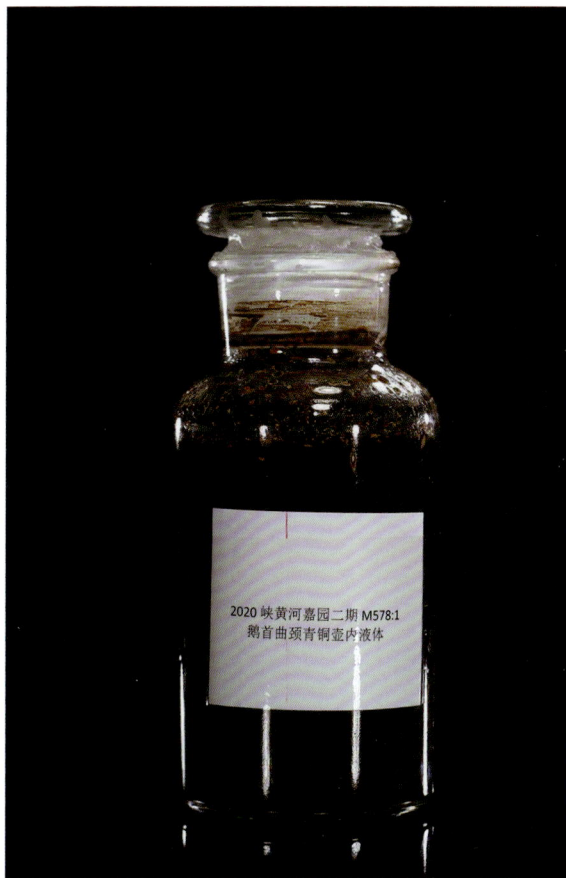

在壶中还发现了3000余毫升呈黄褐色的液体，经专家研究得知，为西汉早期的古酒。

7. 鹅首曲颈铜壶

名　称：鹅首曲颈铜壶
时　期：西汉
尺　寸：高约30厘米
现展地：河南博物院

　　三门峡被誉为"天鹅之城"，每年到此过冬的天鹅数量将近10万只，随着鹅首曲颈铜壶的发现，我们可以大胆估测，在秦末汉初时段，三门峡当地可能已经有天鹅出现。

　　鹅首曲颈铜壶，西汉青铜盛酒器，高约30厘米，2020年5月出土于河南三门峡市经济开发区西汉墓，现借展于河南博物院。铜壶为天鹅首、长喙、圆眼；弯曲鹅颈，颈部有一周凸起弦纹；鹅颈弯曲处有圆形小口，应是注酒用；壶腹低垂略呈椭圆形，高圈足。整体巧妙地构成了天鹅游水曲颈、优雅深沉的动态造型，形象生动。

　　这只青铜壶造型独特，在我国已经出土的西汉早期文物中实属罕见。更为稀奇的是，在壶中还发现了3000余毫升呈黄褐色的液体，液体中有较多的杂质及沉淀物，经专家研究得知，为西汉早期的古酒，与医学方书《五十二病方》中的相关记载颇为相符，是可以止血消炎的药酒。

　　鹅首曲颈铜壶的出土，不仅证实了其本身为盛酒器的用途，同时也佐证了古老典籍中关于药方描述的真实性，为研究秦汉时期的医学提供了重要的资料。

8. 关中侯印

扫码观看视频

名　称：关中侯印
时　期：东汉
尺　寸：通高 2.2 厘米，印面 2.4 厘米 × 2.4 厘米
现藏地：河南博物院

　　印章作为一种具有民族历史文化特色的艺术门类，犹如一朵奇葩，在博大精深的中华艺苑里绵延不断地散发出独特的芳香，吸引着人们进入这方寸世界。

　　关中侯印，金质，东汉，通高 2.2 厘米，印面 2.4 厘米 × 2.4 厘米，重 128 克。1951 年在河南南阳石桥镇出土，现藏于河南博物院。器物分印纽和印体两部分。印纽为一昂首爬行的乌龟，龟首前伸，双目圆睁，口微张，乌

龟背部刻凿简洁的直线纹和人字纹，背部边缘排列圆圈纹和半环纹，清晰美观。印体呈方形，印面阴文篆刻"关中侯印"四字。"关中"是指今灵宝市函谷关以西陕西省中部，"关中侯"始封于东汉末建安二十年（公元215年），是当时为封赏军功者所设置的较高爵位，但无封地、不食租、没有政治权力和经济利益，只是一种虚衔，无俸禄，仅代表荣誉而已。

　　印文布局饱满严谨，篆刻的字体笔画遒劲浑厚，字形方中带圆，刻工精细，给人以宽博浑穆、庄严大度的感觉，是研究汉代的官职制度及文字变化不可多得的艺术珍品。

9. 泗水捞鼎画像砖

帝乡南阳出土了数量众多独具特色的画像砖，用拍印和模印方法制成的图像砖，用于修建、装饰墓室。

名　称：泗水捞鼎画像砖
时　期：汉
尺　寸：纵 34.5 厘米，横 120.6 厘米，厚 9.5 厘米
现藏地：南阳市博物馆

　　泗水捞鼎画像砖，西汉晚期，纵 34.5 厘米，横 120.6 厘米，厚 9.5 厘米。1985 年在河南南阳新野汉墓出土，现藏于南阳市博物馆。画像砖为陶制，正面模印出图案，上沿、下沿各有一条菱格纹。画面中央刻有呈拱形泗水桥，桥正中偏右处有一面建鼓，鼓两边各有一人呈舞蹈状，执枹（fú）击鼓。桥面正中偏左有一辆马车，车上坐二人，两马拉车，其中一马引颈嘶鸣，像是受到了惊吓。桥两端各有二人，身体向后倾斜，正奋力拉绳要把桥下倾斜的一大鼎提起。鼎右侧有一龙跃出水面，龙首向鼎，咬断了绳子。水面有两船在龙左右，船上四人

154

敲击乐器惊吓出水之龙。

　　所谓画像砖，是指用模印、雕刻和彩绘等方式在表面绘制出花纹的砖，主要用于构筑墓室。"泗水捞鼎"是汉画像砖中最广泛的历史故事题材，内容最早见于《史记·秦始皇本纪》，传说秦始皇东巡后，路过徐州彭城的泗水，见到水中露出一周鼎，大喜，遂命其随从下水捞鼎。即将把鼎打捞上来时，鼎内一龙头伸出，咬断了系鼎的绳索，鼎复沉入水下，再也无法找到。

　　泗水捞鼎画像砖，画面构图饱满，采用模印工艺营造出浅浮雕的效果，具有立体感。故事内容清晰，形象生动地刻画了出水之龙咬断绳子的精彩瞬间，把"泗水捞鼎"紧张而又宏大的场面刻画得生动传神，使人身临其境，同时还涵盖了辎车、行人、门阙及羽人、朱雀等多方面内容，对于研究汉代的墓葬制度、社会思想乃至汉代的艺术都有相当重要的意义。

名　称：陶庄园

时　期：西汉

尺　寸：通高 84 厘米，长 130 厘米，宽 114 厘米

现藏地：河南博物院

两汉时期，中国建筑艺术大发展，以木结构为主的建筑体系逐步完善。河南出土的建筑明器，多是根据当时建筑实体仿制而成的随葬品，代表着中原建筑的风格和艺术成就，反映了两汉时期庄园经济的繁荣景象。

彩绘陶院落，西汉陶建筑器，通高 84 厘米，长 130 厘米，宽 114 厘米，1981 年在河南淮阳于庄汉墓出土，现藏于河南博物院，是目前发现较早的三进四合院式组合建筑模型，分为建筑和田园两部分。

庄园建筑整体为三进四合院建筑，由前院、中庭、后院等组成。前院正面居中开大门，门外两侧为彩绘人物壁画，院内较为狭小。由二门进入中庭，中庭主体为建于高台之上的庑殿顶楼阁，分为上下两层，东西两侧有台阶可到楼内，楼内有陶俑。二门上有门楼，门楼上又有一层建筑，并有长方形窗户，窗外有彩绘的菱形格子墙。中庭一侧是粮仓，上层为回廊。右侧有一偏门通后院，后院东为猪圈与厕所相连，中部为厨房，厨房一

侧有一厕所。门楼的两侧有相对的四层三重檐角楼。庄园的右侧为长方形田园，四周有围墙，前墙有一门，门外用红线示门框。园内前半部是旱田22垄，中间有一井。后半部为水田，有水沟可流向两边畦内。后墙设有角门可供出入。

东汉末年，社会动荡不安，庄园主为了更好地保护自己的家园，就招揽家兵，设置兵器库，建筑堡垒，拥有了私人武装。这种武装化、堡垒化的豪强地主田庄亦称坞堡，是防卫性建筑，内部生产生活可自给自足，外可抵御强敌入侵。

彩绘陶院落模型是河南出土的形制最大、内容丰富的建筑模型，既有庭院高楼，又有水沟农田，并且还绘有着色壁画，整组模型结构严谨，形象逼真，是当时社会庄园经济发展的真实写照；其平面布局讲究，是廊院制的经典之作，为研究东汉时期的建筑和社会生活提供了重要的实物资料。

11. 七层连阁式陶仓楼

名　称：七层连阁式陶仓楼
时　期：东汉
尺　寸：通高 175 厘米，面阔 87 厘米，进深 78 厘米
现藏地：河南博物院

　　七层连阁式陶仓楼，东汉陶建筑器，通高 175 厘米，面阔 87 厘米，进深 78 厘米。1993 年在河南焦作待王乡发掘出土，现藏于河南博物院。七层连阁式陶仓楼由主楼、附楼、院落、阁道等四部分组合而成。整座建筑模型各部分可分拆组装，构件共 30 件。

　　主楼为七层仿木构建筑。前有院落，院内俯卧一看门犬。第一、第二层为一整体，外置斜坡式楼梯可通向第二层平座。第二层正面开有四个方形进粮口，上覆腰檐，檐下出挑斗拱。第三层置于平座上，前壁有一个长方形门、一方形窗，前壁与四角上部共出三根挑梁，挑梁上置一条正交枋木，枋木两端各承一朵一斗三升拱。第三层一侧山墙开方形洞口，以承纳阁道的榫头。第四层直接坐落在第三层上。前壁中部开一长方形门，门左右开方形小窗。第五层楼体置于平座上，前壁开长方形门和正方形小窗，第六层正面开有两个门。五层、六层前壁上部均出三根挑梁，置一斗三升拱，最高层为近似正方体，横向开裆，跨于第六层屋顶正脊上，正面中部开一正方形窗户。

　　附楼为四层建筑，第一层前壁左侧开有一长方形门。第二层至第四层前壁均开有一方形窗户。

　　在主楼和附楼第三层之间有一阁道相连接，将两座楼阁建筑连为一体。阁道，也称复道，指楼阁间横架的通道，像是今天的过街楼或天桥，是汉代"复道行空，不霁何虹""跨城池作飞阁"高超建筑技术的真实写照。

汉代陶塑艺术种类丰富，在继承前代陶塑艺术的风格上，注重细节刻画，形象生动、逼真，涵盖社会生活的方方面面。

扫码观看视频

12. 汉代六博博具和俑

名　称：汉代六博博具和俑
时　期：汉
现藏地：河南博物院

六博，是我国古代的一种博弈游戏。它得名于游戏所使用的六根竹管，这样的竹管称之为"箸"，用以投掷以决定行棋，类似于今天的骰子。而一套完整的博具，除了六箸，还包括作为棋盘的博具和十二枚棋子。

汉代六博博具和俑，是 1972 年出土的汉代陶器，陶器中两个人物俑跽坐于长方形陶榻两端，面前摆着一套完整博具，二人正投箸行棋对博，形象极为有趣逼真，似乎在为谁先行棋而互相辞让。

汉代流行"事死如事生"的观念，因此在战国至秦汉的墓葬中，出土了大量的六博实物，这不仅因六博是社会普及面甚广的弈棋游戏，更因为它的设计源自天干地支，是古人对宇宙的想象，当时的人们相信六博是人神沟通的介质。虽然不知如此仙气飘然的六博背后还隐藏着多少神秘力量，但我们显然借此窥探到了古人对于生死命运的思考。

13. 彩绘舞蹈伎乐陶俑群

名　称：彩绘舞蹈伎乐陶俑群

时　期：西汉

尺　寸：最高一件高 23.6 厘米，最低一件高 14.8 厘米

现藏地：河南博物院

　　乐舞俑以陶土烧制而成，以现实中的人物为主要表现对象，把握人物的整体神韵，用写实与写意相结合的艺术手法赋予陶俑生命。

　　彩绘舞蹈伎乐陶俑群，一套 11 件，最高一件高 23.6 厘米，最低一件高 14.8 厘米，河南尉氏出土，现藏于河南博物院。陶俑姿态各异，均着右衽长衣，敷白粉、朱红、黑彩。抚琴抚瑟俑，双膝着地，头发后绾垂髻，

上身前倾，双臂屈肘前伸，双手抚弦弹拨，神情文静尔雅；吹奏俑一站一坐，双手一高一低，或手举乐器至口部，吹排箫、竽笙等乐器，神态自若；击钟磬俑，双手似半握拳，拳心中空，右手上举，左手略低，可能原握有木槌；舞俑两件，顶发中分，脑后垂髻，身着曳地长袍，腰肢自然摆动，双腿微微前屈，手臂交叉抬高错落，舞姿轻盈舒缓，姿态惟妙惟肖。另有 3 件坐姿俑手臂应为木质，持某种乐器。

　　汉代乐舞俑以一种特殊的艺术形式呈现出汉代精彩纷呈的乐舞景观，凭借其独特的艺术造型和强烈的视觉效果，不仅成为汉代出土文物中的精髓，也为研究汉代乐舞提供了弥足珍贵的资料。

14. 左卧姿红陶狗

名　称：左卧姿红陶狗
时　期：汉
尺　寸：高 42.5 厘米
现藏地：河南博物院

狗，是世界上最早被驯养的动物之一。早在旧石器时代晚期，原始人类已经将狼驯为狗，作为狩猎工具。到了新石器时代，养狗趋于普遍。到了汉代，由于丧葬思想的影响及厚葬之风盛行，陶狗被大量用于墓葬之中，成为当时的一种时尚。

左卧姿红陶狗，河南南阳汉墓出土，高 42.5 厘米，泥质红陶，模制而成，空心，现藏于河南博物院。陶狗呈左卧姿态，体魄肥壮，双目滚圆鼓出，翘首远望，张口露齿，颈部粗壮高挺，两耳呈叶形外张，前肢直伸，后肢屈于腹侧，尾尖上卷，表现了狗发现目标尚在远处，已然警觉，猛然伸长脖颈，吠叫报信的神情，栩栩如生。

古代匠人们通过细致入微的观察和高超的技艺准确捕捉狗的眼神、姿态和动作，将鲜活、生动的瞬间定格，使观者从静止的陶狗身上看到了狗的动态表现，而这动势中显现的神韵和气势则给人以真实的感受，让人感知生命的乐趣。

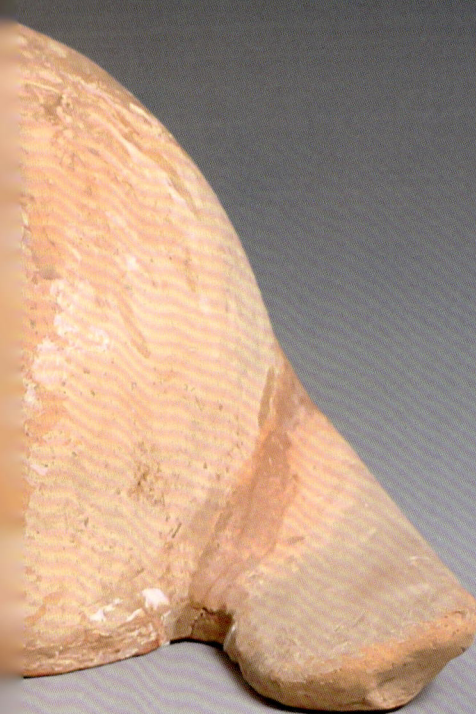

扫码观看视频

15. 二佛并坐像

名　称：二佛并坐像
时　期：北魏
现藏地：河南博物院

　　造像，指基于宗教信仰而制作的崇拜对象。古时为生人、亡人或己身祈福，多于僧寺或崖壁间镌石成佛像，也有以金属铸造的铜造像。

　　二佛并坐像，现藏于河南博物院。此像为北魏时期青铜铸造。在佛座上有二佛并肩结跏（jiā）趺（fū）坐，高螺髻，面目清晰，有身光和圆形头光，阴线刻的衣纹繁缛细密，两肩和胸部衣纹呈阶梯状排列，垂于两侧，极具线条感，双手在腹前施禅定印。莲瓣形火焰纹背光上端，还铸有一半身佛像，形象与二坐像相似，也有火焰纹背光。整个造像形象秀丽、简朴，堪称北魏时期造像精品。在方形四足座上镌刻有"太和十一年九月十八日佛弟子李思为父母造佛"二十字铭文，"太和"为孝文帝拓跋宏的年号，"太和十一年"即公元 487 年。从铭文可知，此像系自称佛家弟子的李思为其父母祈福所铸，是一尊时间记录精确到日的铜质造像。

　　时过境迁，中国第一个佛教文化发展高峰已悄然远去。李思是谁？他是什么人？这些显然已不重要，重要的是历经千余年的信仰犹存于心，并且还会继续被传承下去。

扫码观看视频

16. 骆道明造像

名　　称：骆道明造像
时　　期：北魏
尺　　寸：通高 52.8 厘米，宽 25.5 厘米，厚 12.5 厘米
现藏地：河南博物院

骆道明造像，北魏文物，通高 52.8 厘米，宽 25.5 厘米，厚 12.5 厘米，石灰岩质，现藏于河南博物院。造像为莲瓣形背屏式一佛二菩萨造像。主尊头梳束发式高肉髻，圆形头光内高浮雕莲花瓣，面相丰润秀雅，两眼平视前方，双唇轻轻闭合，慈祥和善。身着双领下垂式通肩大衣，右侧衣襟甩向左臂沿体侧下垂，在胸前形成"U"形纹；下着长裙，裙褶自然折叠展开形成燕尾，具韵律感。双手分别施无畏印与愿印，跣（xiǎn）足站立于覆莲座上。二菩萨头戴宝冠，有桃形头光和圆形项光，面相方圆，颈戴桃形项饰。右菩萨上身袒露，帔帛绕肩下垂在两腿间交叉，然后上扬绕肘自然下飘，下着长裙，腰束带。左菩萨着双领下垂式通肩大衣，两手拢于胸前。二菩萨均跣足站立于覆莲座上，腹部微挺，为汉族中年女性形象。莲瓣形举身背光，背光顶部刻一华盖，下有思维菩萨侧身而坐，低头沉思。其下左右各刻一身飘舞的供养天人，天衣飞扬、姿态轻盈。飞天身下刻忍冬和摩尼宝珠。

造像背面上端刻一重檐楼阁，内坐相对二人，似北魏晚期造像中流行的释迦多宝在多宝塔内辩法。房檐下悬挂两风铎，别致硕大。其下刻骆道明造像记："大魏孝昌二 / 年岁在丙午 / 六月戊辰朔 / 十六日癸未清 / 信士佛 / 弟子骆 / 道明敬造石。"像一区上为："七世父母生缘 / 眷属普同福 / 庆愿如是。"

下部中间刻一佛结跏趺坐于须弥座上，上有莲花宝盖，左右刻供养人像各二身。左边二人，一戴小冠，一戴簪花，均着交领宽袖大袍面右而立；右二人，一戴高冠，一戴簪花，均着交领宽袖大衣，腰束宽带面左而立，以莲花和宝相花图案进行补白。

北魏晚期的佛教造像多为寺院供奉之物，一般都放置在寺院的主要建筑或重要场所，体量高大，以便僧众信徒供奉。从骆道明造像的体量可以看出，它并非寺院供奉之物，而是民间信士为了方便在家里供奉，以求祈福免灾而雕刻。造像虽无寺院造像之宏伟，但雕刻范本还是北魏晚期流行的一佛二菩萨三身造像，艺术形象与寺院雕像相比毫不逊色。

大魏孝昌二
年歲在丙午
六月戊辰朔
十六日癸未清
信士佛
弟子駒
道明敬造石
像一區上為
七世父母生緣

秦汉时期，国家统一，国力强盛。铁犁、牛耕推动庄园经济大发展。
在规模巨大的田庄中，农、林、牧、渔以及手工业、商业并存。

17. 南山四皓画像砖

名　称：南山四皓画像砖
时　期：南朝
尺　寸：长 38 厘米，高 19 厘米，厚 6 厘米
现藏地：河南博物院

　　南山四皓，又称商山四皓，是指我国秦末汉初东园公、甪里（lù lǐ）先生、绮里季、夏黄公四位著名隐士。南山四皓以其遁世脱俗的隐逸风度，以及适时出山辅佐贤君的事迹为后人所推崇，成为贤德高隐的象征，成为后世反复表达的一个题材。

　　南山四皓画像砖，南朝陶器，长 38 厘米，高 19 厘米，厚 6 厘米，现藏于河南博物院。砖呈长方体，正面模印人物画像。画面中四人两两相向而坐，长发垂于肩背，着敞领广袖袍。右一为抚琴人，琴置于足上，其左手按弦，右手划弦；右二为吹笙人，双脚分开屈膝而坐，双手抱笙放于口中吹奏；一跽坐展卷人物与吹笙人相对，双手持卷，眉眼清晰，似在咏唱；左侧溪边濯足人，双脚交叉踩于水中，一手撑地，一手抬起打拍，神态怡然自得。人物身后香草环绕，远处峰峦叠翠，林木葱茏，空中凤鸟盘旋，画面闲适恬淡，最左侧书有"南山四皓"四字。

　　意大利著名文艺批评家、历史学家贝奈戴托•克罗齐说"一切历史都是当代史"，四皓在不同时期的形象都深刻地体现出所处时代的主流价值观与文化取向，也真实、完整地展现出中国古代历史与文化层累的过程，充分体现出中国传统文化的流变以及对后世产生的深远影响。

两汉魏晋南北朝时期，丝路开辟，鲜卑南迁，儒学、道学、佛学多元杂糅，中国社会经历了前所未有的民族文化大融合。

扫码观看视频

18. 黄釉扁壶

名　称：黄釉扁壶
时　期：北齐
尺　寸：通高 20.5 厘米
现藏地：河南博物院

　　黄釉扁壶，陶器，北齐文物，通高 20.5 厘米，1971 年河南安阳北齐范粹墓出土，现藏于河南博物院。壶形体扁圆如皮囊，敞口，短颈，平底实足，两肩各一系孔，颈肩之间饰联珠纹一周。壶腹两面模印乐舞图案，考证乃是当时风靡的"胡腾舞[①]"。中央一舞者婆娑起舞于盛开的莲花台座之上，右臂高举前伸，左臂下伸，掌心向后，双足腾跳，反首回顾，动态盎然。舞者左侧立两名伴奏者，一人右侧身，双目注视舞者，双手仰起开合，做击拍状；另一人双手持笛，做吹奏状。舞者右侧立两人，一人面向舞者，双手击钹；另一人弹奏五弦琵琶。五人皆高鼻深目，头戴蕃帽，身着窄袖长衫，腰间系带，足蹬半筒高靴，应属于当时西域人的形象。扁壶造型优美，线条流畅，构图有致，人物分布对称均衡、大小有别，符合透视原理。壶通体施黄釉不过底，釉色均匀，稳重而不失亮丽，呈现出一种玻璃样质感。

　　"胡腾身是凉州儿，肌肤如玉鼻如锥。桐布轻衫前后卷，葡萄长带一边垂。"北朝时期中原与西域、中亚地区往来较多，各民族融合加剧，黄釉扁壶出土于绝对纪年[②] 墓葬，为研究北齐时期的胡汉民族关系、南北朝时期的陶瓷工艺发展以及乐舞发展提供了珍贵的实物资料。

---

① 胡腾舞是由西域粟特地区经河西走廊传入中原的一种男子独舞，因该舞以腾跃见长，故名"胡腾舞"，曾流行于北朝至唐代。
② 在历史上可以确定的具体年代，称为"绝对年代"。不能确定具体年代而仅能比较或推定先后时序者，称为"相对年代"。

隋唐

（581—907）

隋唐时期是我国文化发展的高峰期，为中国乃至世界文化的发展做出了卓越贡献。

　　公元 605 年，隋炀帝营建东都洛阳，此后唐朝和五代的后梁、后唐、后晋相继以此为都，历时 300 余年。

　　盛唐文化的成就离不开一个短暂却具有承上启下意义的王朝——隋朝。隋朝疆域南北统一，社会富足。1959 年，在河南安阳发现了隋朝征虏将军张盛夫妇墓，出土文物192 件，再现了隋朝贵族生活的图景。

1. 绘彩陶坐姿伎乐女俑、女舞俑

名　　称：绘彩陶坐姿伎乐女俑、女舞俑

时　　期：隋

尺　　寸：高 17 ~ 19 厘米

现藏地：河南博物院

　　绘彩陶坐姿伎乐女俑，隋代陶俑，1959 年在河南安阳豫北纱厂张盛墓出土，现藏于河南博物院。

　　伎乐陶俑一组共 8 件，高 17 ~ 19 厘米，造型、服饰大体相同，头梳平髻后部插梳，黑发朱唇，上身穿窄袖襦衣，下系间色条纹高腰束胸裙，长裙高系于胸前打结，锦带下垂而飘逸。陶俑为跽坐奏乐姿态，分别手持琵琶、五弦、筚篥（bì lì）、排箫、横笛、钹、竖箜篌（kōng hóu），神情专注做演奏状。还有一位两手未执乐器，有可能是原有乐器缺失，但也有学者认为其将手呈于胸前做抃（biàn）状，以此来控制节拍，指挥乐队。

绘彩陶女舞俑，隋代陶俑，1959 年在河南安阳豫北纱厂张盛墓出土，现藏于河南博物院，应是绘彩陶坐姿伎乐女俑的伴舞。5 件舞俑所梳发髻与乐俑的相同，也同为长裙曳地，胸前系双带，有的长袖衫外加短衫。女舞俑神情柔和，双袖轻舞，姿态轻盈柔缓，笼罩着一种幽静平和的气氛。

张盛墓出土的这组彩绘女乐俑、女舞俑，形制完整，手中所拿乐器齐全，为研究隋唐时期的音乐制度提供了珍贵的实物资料。

根据出土墓志记载，墓主人为张盛，字永兴，今河南南阳人，生于北魏景明三年（公元 502 年），卒于隋开皇十四年（公元 594 年），葬于相州安阳修仁乡，去世时高龄 93 岁。张盛出身并非普通百姓，家中世代为官，张盛本人也在官场仕途中颇有名气。隋立国后，他从县令一级的官吏，一步步升至征虏将军、中散大夫，成为统治阶级的中上层人物。

墓中出土随葬品 190 余件，其中俑类 95 件。俑类中的绘彩陶坐姿伎乐女俑由于其特殊的跽坐演奏形式而备受学术界的关注，是研究隋唐时期音乐形式不可多得的实物资料，为探讨坐部伎和立部伎产生的时间提供了实物资料。

2. 白釉瓷围棋盘

名　称：白釉瓷围棋盘

时　期：隋

尺　寸：边长 10 厘米，高 4 厘米

现藏地：河南博物院

围棋起源于我国，至迟在春秋战国时期就已盛行，当时将下围棋称之为"博弈"。汉唐之际，先后传入印度和日本，是中外文化交流的内容之一。

白釉瓷围棋盘，隋代文物，边长 10 厘米，高 4 厘米。1959 年在安阳北郊张盛墓出土，现藏于河南博物院。棋盘平面呈正方形，微微下凹，上刻纵横直线界道各 17 道，加上两边边线，构成各 19 道、共 361 个交叉点的棋盘布局。为了便于识别棋子的位置，四角和正中各有一小孔，正中一孔为"天元"，角上四孔为四个"星"位，与现代围棋盘相同；盘下四个侧面均有类似壶（kǔn）门①的装饰。棋盘通体施白釉，下部露胎，釉色白中泛青，具有早期白瓷的特点，为研究当时的陶瓷工艺提供了珍贵的实物资料。同时，其也是迄今所知世界上最古老的 19 道围棋盘，是世界围棋史上的重要发现。

"三尺之局兮，为战斗场……"曾经的征虏将军、中散大夫——这座墓葬的主人张盛，征战一生，逝于开皇十四年（公元 594 年）。黑与白的博弈并未结束。

---

① 壶门：佛教建筑中门的形制，镂空装饰。

3. 白釉黑彩侍吏俑、白釉瓷武士俑

名　　称：白釉黑彩侍吏俑、白釉瓷武士俑
时　　期：隋
尺　　寸：高 72 ～ 73 厘米
现藏地：河南博物院

　　白釉黑彩侍吏俑，隋代瓷俑，高 72 ～ 73 厘米，
1959 年在河南安阳北郊张盛墓发掘出土，现藏于河南
博物院。

　　白釉黑彩侍吏俑，一组两件，呈静态站姿，高低
略有不同，皆束发，戴介帻（zé）。一俑连鬓胡子，
双目圆睁，呈直视状；一俑只有三撇小胡子，双目呈
俯视状。两俑均穿圆领广袖衣，外罩两裆铠，束腰带，
足蹬靴，拱手拥仪剑立于覆莲器座上。瓷俑通体施白釉，
有些部位釉色白中闪黄或白中泛青，在冠、发、须、眉、
眼、两裆铠的皮襻（pàn）连缀处、腰部束带、履、仪
剑等部位又用黑彩装饰。黑白对比清晰鲜明，形象逼真。
胎体呈浅褐色，胎质坚实，模制成形，烧造之后不变形，
没有窑裂等现象出现，运用圆雕和线刻相结合的工艺
手法，制作工艺复杂，可见隋代制瓷技术有了很大的
进步。

　　侍吏俑实为门官，也称作门吏、守卫、门庭仪卫等，
均呈手持武器的形象，立于门左右或内外，是世俗居室
制度在地下的反映，显示墓主人的贵族身份和政治地
位。张盛墓出土的白釉黑彩侍吏俑，显然也是在昭示张
盛的贵族身份和官宦地位，与普通百姓有天壤之别。

　　单从白釉的釉色来讲，不是严格意义的纯白色，

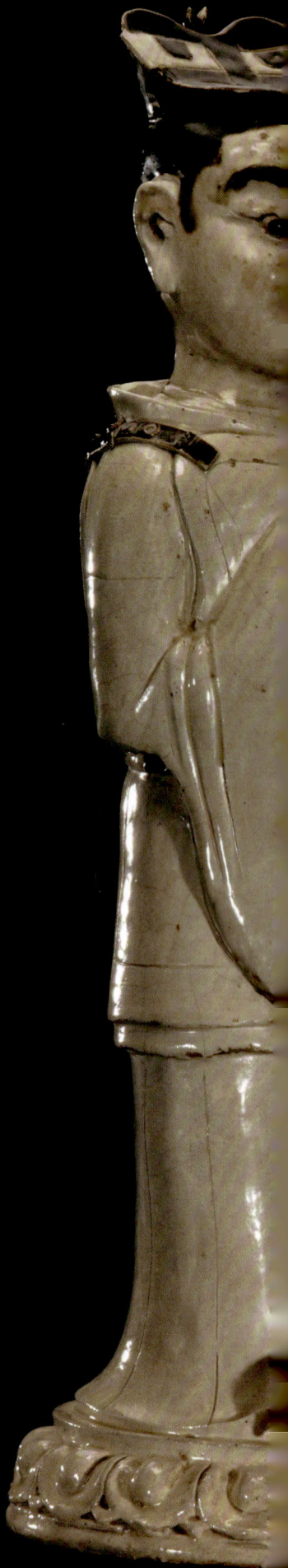

有的地方白中泛黄，有的部位白中微微闪青色。白釉瓷器中釉色泛青或闪黄等现象，反映出北方制瓷业正由烧造青釉瓷器向白釉瓷器转化的演变趋势。侍吏俑的出土，无疑也为我们研究早期白釉瓷器的演变过程提供了极为珍贵的实物资料。同时，黑白两种颜色的装饰效果，比单一的白釉瓷器有了更高的艺术欣赏价值，这是白釉瓷器装饰上的首次突破。

白釉瓷武士俑，两件，分别高72厘米、73厘米。1959年在河南安阳北郊张盛墓出土，现藏于河南博物院。两瓷俑立于覆莲座上，头戴盔，上身着甲，甲上原本的涂彩已脱落，盔耳下垂至俑的护膊处，下着长裤，腰束革带。一俑右手平握，一俑左手平握，应是原本执有武器，但是武器已失落。两俑通体施白釉，釉厚处略呈青色，正表明了白瓷源于青瓷的渊源关系。

白釉瓷器的出现，是我国陶瓷史上的一大跨越，为后来的白瓷奠定了基础。我国的早期瓷器，全属于青釉系统。因为所有的制瓷原料都含有一定量铁的成分，经过还原焰烧成后，便呈现各种深浅不同的色调。制瓷工人经过长期实践和研究，控制了胎釉中的含铁量，克服了铁的呈色的干扰，发明了白瓷，这是制瓷手工业的一个飞跃，是陶瓷发展史上新的里程碑。

扫码观看视频

4. 白釉黑彩瓷人面镇墓兽、白釉黑彩瓷兽面镇墓兽

名　称：白釉黑彩瓷人面镇墓兽、白釉黑彩瓷兽面镇墓兽

时　期：隋

尺　寸：人面兽身镇墓兽高约 50 厘米，兽面兽身镇墓兽高约 56 厘米

现藏地：河南博物院

　　白釉黑彩瓷人面镇墓兽、白釉黑彩瓷兽面镇墓兽，隋代瓷器，两件为一对，人面兽身镇墓兽高约 50 厘米，兽面兽身镇墓兽高约 56 厘米，1959 年 5 月河南安阳北郊张盛墓出土，现藏于河南博物院。

　　白釉黑彩瓷人面镇墓兽，人面兽身，大耳粗眉，两眼圆睁，翘鼻大孔，鼻下有八字胡，唇下有三条短须，粗颈后仰；脑后有冲天戟，背有火焰状鬃毛，前肢饰有带状鬃毛，兽爪着地，两肩饰有条带状羽翅，前胸装饰平行条带纹和点线纹，短尾，蹲坐于长方形台板；通体为白釉，头顶、眉毛、眼珠、前肢关节等处有黑彩装饰。

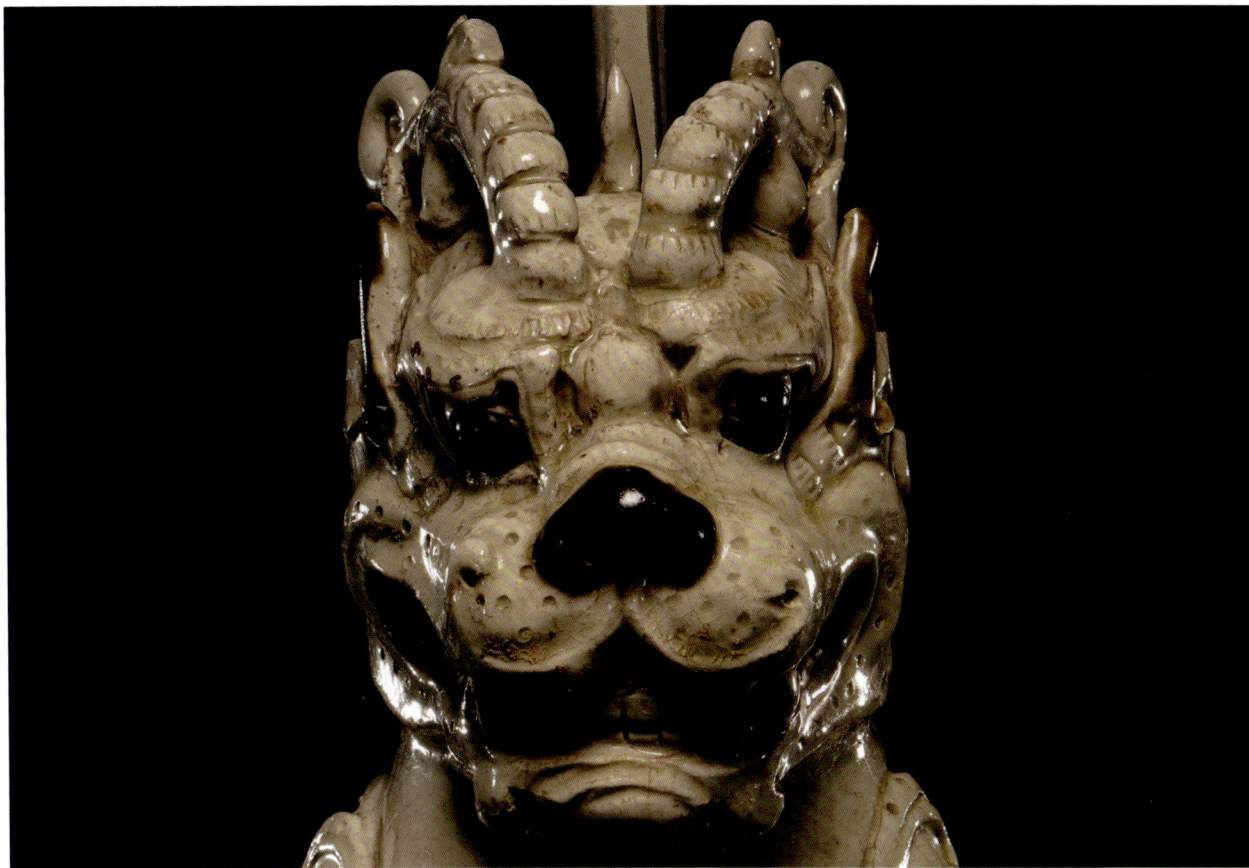

白釉黑彩瓷兽面镇墓兽，兽面兽身，双目圆睁前视，两耳竖起，前额长出一对羊角，呈螺旋状向后弯曲，直鼻，大嘴微张，露出排齿；脑后有小耳、飞云须；颈后部附戟，背有火焰形鬃毛，前肢着地，后部蹲于底座之上；通身施白釉，眼珠、耳轮、鼻子及四肢关节处饰有黑彩装饰。

古人追求"事死如事生"，认为人有灵魂，人死后灵魂会离开身体进入另一个世界，墓室便成为供灵魂起居生活的场所。为了保护墓葬与死者的安宁，古人会在墓室墙壁描绘辟邪的画像，雕刻祥瑞神兽，放置镇墓兽、镇墓俑等庇护死者，人面镇墓兽和兽面镇墓兽分立于墓室入口的两侧，兽面镇墓兽在东侧，人面镇墓兽在西侧。

镇墓兽最早的记载源于《周礼》，就现有考古发掘资料来看，镇墓兽在战国早期楚墓中已经出现，隋唐盛行，五代以后基本绝迹。镇墓兽往往被塑造成体形健硕、凶神恶煞的模样，还有身生双翼、鬃毛竖起的形象，让人望而生畏。它是楚人崇拜巫术的艺术产物，同时也体现了先民们超乎寻常的创作灵感和丰富的想象力。

北

洩城渠　　徽安门　　漼渠　　安喜门

圆璧城　　含嘉仓城

曜仪城

陶光园

宝城　西隔城　宫城　东宫　东城

丽景门

皇城

道政　进德　修义　丰财　审教　通远

道光　履顺　敦厚　殖业　毓德　兴艺

清化　思恭　临德（唐化市）　立行　德懋　教业

立德　归义　景行　时邕　毓财　积德

承福　玉鸡　铜驼　通远市　上林　温雒

黄道桥　　旧中桥　新中桥　会通桥　洛　水

洛　水　天津桥

里津桥

惠训　道术　道德　安众　慈惠　询善　嘉猷　延庆

惠和　通利　富教　睦仁　静仁

雒滨　积善　尚善　旌善　劝善　择善　惠和　延福　从善　仁风

教义　观德　修文　修业　恭安　温柔　思顺　丰都市（唐南市）　临阆　绥福　怀仁

明义　宣风　安业　崇业　宣范　道化　修善　嘉善　章善　会节　归仁

承义　淳风　淳化　修行　崇政　敦化　永丰　陶化　尊贤　履信　利仁

淳和　广利　大同市（唐大同坊）　宽政　宜人　正平　敦行　康俗　正俗　宣教　集贤　履道　永通

通济　固本唐西市　从政　宁人　明教　乐和　尚贤　归德　仁和　兴教　嘉庆　崇让　里仁

分渠
（通济渠）　　厚载门　　定鼎门　　伊水正支　长夏门　伊水东支
（通津渠）

唐东都洛阳城平面图

Plan of Luoyang City in Tang Dynasty

武则天在洛阳居住 20 余年，曾多次到嵩山封禅（shàn）、巡游。登封坛、三阳宫、石淙会饮，都留有一代女皇足迹。

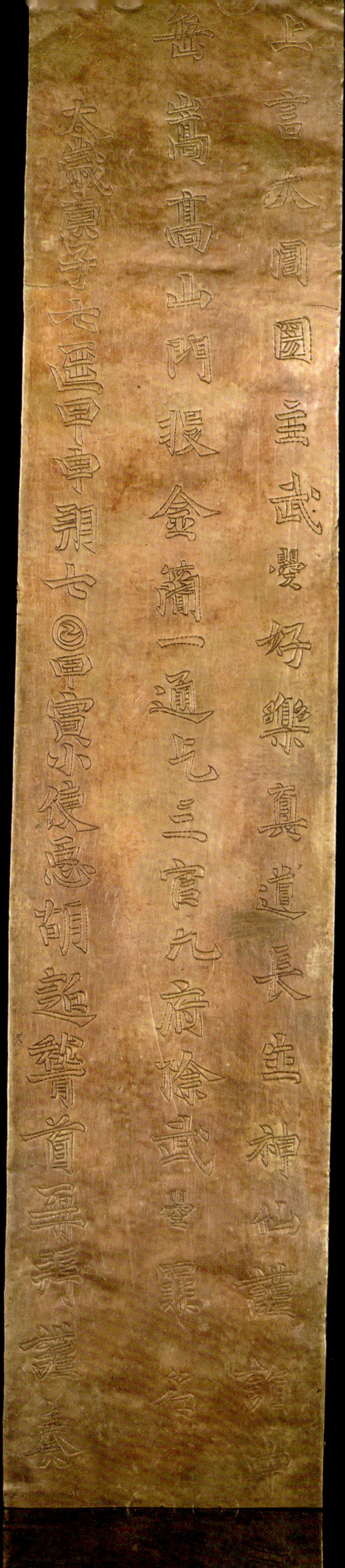

上言大周圀主武曌好樂真道長生神仙謹詣中
岳嵩高山門投金簡一通乞三官九府除武曌罪名
太歲庚子七月甲申朔七日甲寅小使臣胡超稽首再拜謹奏

5. 武则天金简

名　称：武则天金简
时　期：唐
尺　寸：长 36.2 厘米，宽 8 厘米
现藏地：河南博物院

现藏于河南博物院的武则天金简，是 1982 年被登封市一农民在嵩山峻极峰发现的，长 36.2 厘米，宽 8 厘米，含金量约 90%，重 223.5 克，整体无纹饰，正面双钩錾刻铭文 3 行 63 字："上言大周国主武曌（zhào）好乐真道长生神仙，谨诣中岳嵩高山门，投金简一通，迄三官九府除武曌罪名，太岁庚子七月甲申朔七日甲寅小使臣胡超稽首再拜谨奏。"

根据铭文可知，77 岁的武则天在公元 700 年 7 月 7 日这天来到嵩山举行道教祭祀活动，将自己的罪过刻在金简上，遣道士胡超将此金简在嵩山山门投下以求除罪消灾。

武则天金简属于古代的投龙简，即拜谒中岳嵩山入门的"名片"。武则天在称帝以前以崇信佛教为主，称帝之后逐渐转向道教，特别是在晚年时对道教的偏爱达到了痴迷的程度。从简文"好乐真道长生神仙"中可看出武则天对道教的信仰。

武则天金简是武则天所遗留的唯一一件与她本人有关的可移动文物，对于研究唐代历史、武则天的政治思想、武则天书法、古代投简制度、古代封禅等都有重要价值。

武则天金简铭文描线

193

6. 三彩骆驼和俑

名　称：三彩骆驼和俑
时　期：唐
尺　寸：驼高 84 厘米，俑高 62 厘米
现藏地：河南博物院

　　三彩骆驼及牵骆驼俑，1962 年在河南洛阳唐墓出土，现藏于河南博物院。驼高 84 厘米，俑高 62 厘米，白陶胎，模塑。骆驼体态饱满健壮，四肢强劲有力，昂首甩尾，做嘶鸣状，通体施绿白黄褐色彩釉。俑站于托板上，胡人模样，着翻领交襟袄袍，腰系行囊，下穿小口窄裤，足蹬尖靴，双臂曲置胸前，做执缰牵驼状。

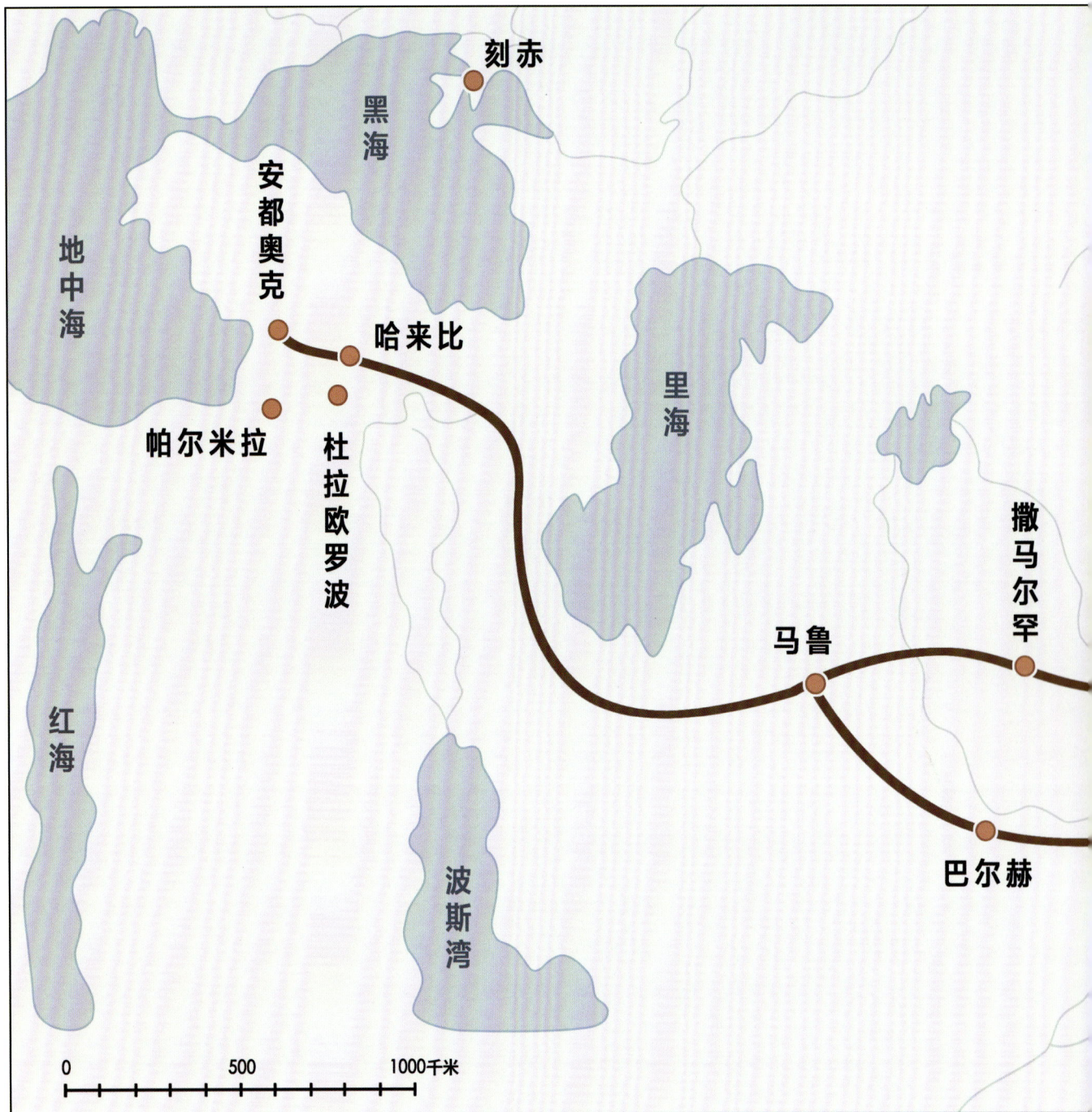

刻赤

黑海

地中海

安都奥克

哈来比

帕尔米拉

杜拉欧罗波

里海

撒马尔罕

马鲁

红海

巴尔赫

波斯湾

0　　　　500　　　　1000千米

丝绸之路简图

Rough Map of the Silk Road

北

扎赉诺尔

伊尔莫瓦巴德

诺音乌拉

巴泽雷克

乌鲁木齐

伊宁

吉木萨尔

托克马克

额济纳

拜城

疏勒

巴楚

吐鲁番

库车

敦煌

张掖

平凉

莎车

嘉峪关

武威

和田

尼雅

楼兰

兰州

长安

洛阳

　　丝绸之路是古代东西方交往的主要通道，输出中国的丝绸、瓷器和药材，输入西方的香料、珠宝、象牙等。许多西域及外国人在洛阳、长安等城市定居，在生活中与中原文化逐渐交融，国际化尽显无余。

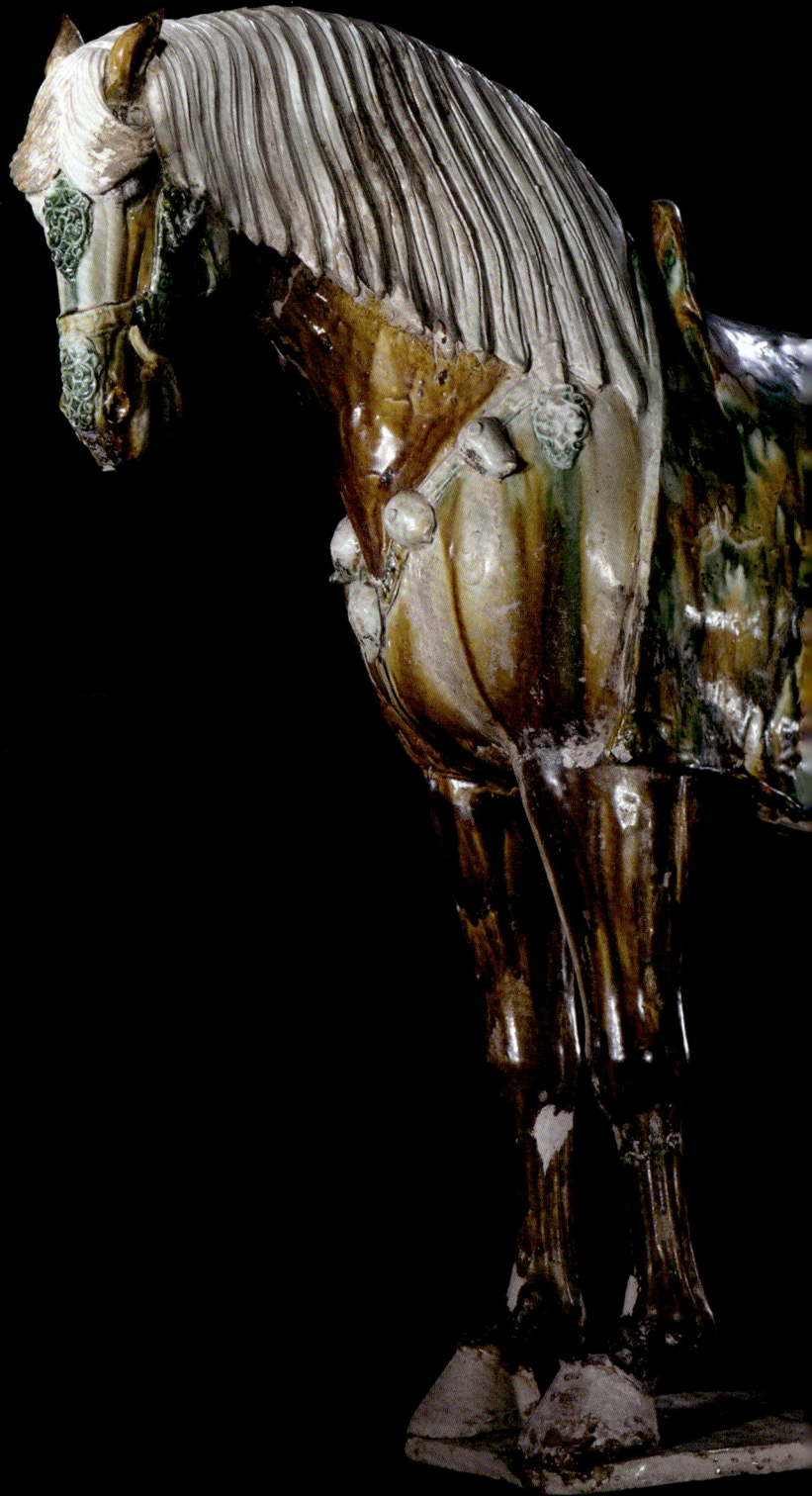

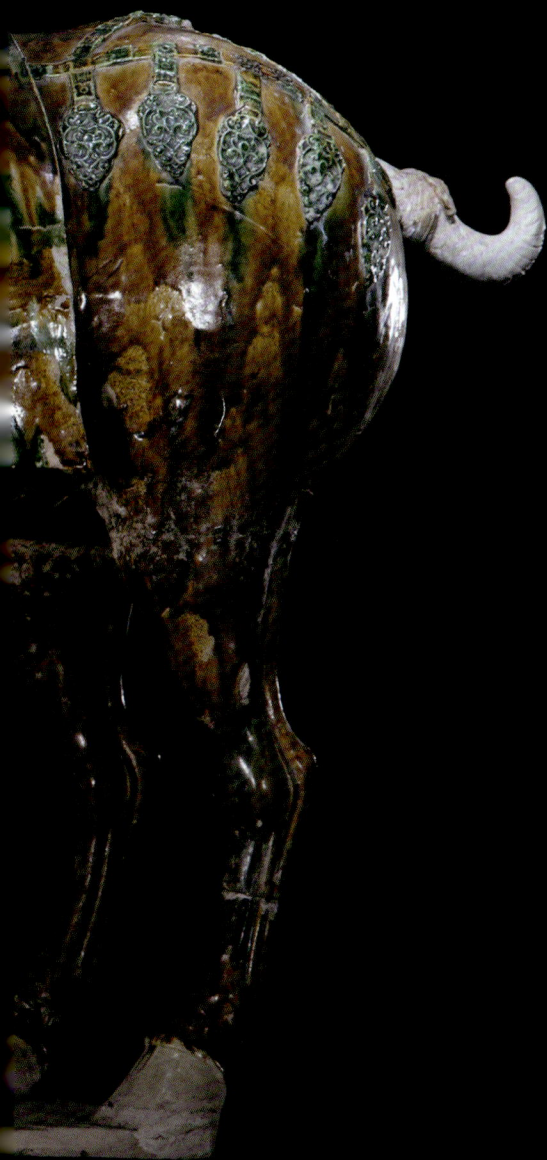

扫码观看视频

7. 三彩马和俑

名　称：三彩马和俑
时　期：唐
尺　寸：马高 72.7 厘米，俑高 63 厘米
现藏地：河南博物院

　　三彩马和俑，1930 年在河南洛阳唐墓出土，现藏于河南博物院。马高 72.7 厘米，俑高 63 厘米，三彩马鞍、辔（pèi）俱全，剪鬃、缚尾，口悬绿镳（biāo），俯首直立。胸前佩戴白色流苏，股后饰绿色杏叶，腿部强劲有力，透射出健壮之美。马身施红棕色釉彩，马面呈白色，浓密的马鬃顺畅地伏在粗壮而有力的颈部，佩戴饰物雕琢精细。牵马俑亦为胡人，头戴白色毡帽，身着紫红色圆领右衽袍，窄裤尖靴，双手握拳做执缰牵马状，似整装待发。造型生动，写实性强，是唐代三彩雕塑的佳作。

　　唐代是中国封建社会的鼎盛时期，国力强盛，疆域辽阔巩固，文化繁荣昌盛。三彩器是全面直观反映盛唐时期雄浑博大时代风貌的代表。无论是中亚品种的骆驼、西域品种的马，还是胡人形象的俑，都会给人一种无限的气魄和力量感，与唐代丰满、健美、阔硕的艺术特征相得益彰。

8. 彩绘镇墓兽

名　称：彩绘镇墓兽
时　期：唐
尺　寸：高 95.8 厘米
现藏地：河南博物院

　　镇墓兽，是古人安放在墓中镇墓辟邪、保护死者灵魂不受外界侵扰的神兽。镇墓兽最早见于东周，兴盛于魏晋至隋唐时期，五代以后逐步消失。

　　河南博物院藏唐代彩绘镇墓兽，高 95.8 厘米，器型完整，面似胡人，怒目瞪眼，宽鼻，阔口露齿。镇墓兽头顶独角弯曲向上，象耳极力外展，脑后装饰夸张冲天戟，背部有长短不齐的刀刺，双肩有锯齿状羽翅；四肢的鬃毛犹如波浪，足似牛蹄，前肢直立，后腿蹲坐于镂空高台座上，兽尾紧贴于座面，胸部健硕无装饰；通体红白彩绘，外形抽象，具有强烈的神秘意味，令观者心生敬畏。

　　"事死如事生"，诡异狰狞的神兽是复原古代社会文化面貌的实物标本，它披着浓浓的神话色彩，为我们打开了一扇探索之门——在那生机蓬勃的盛唐社会下，是唐人对生死的认知，也是对生前美好生活的无限眷恋。

9. 三彩贴花炉

名　称：三彩贴花炉
时　期：唐
尺　寸：高 16 厘米，口径 15 厘米，腹围 70 厘米
现藏地：河南博物院

三彩贴花炉，唐代陶器，高 16 厘米，口径 15 厘米，腹围 70 厘米。1976 年 7 月在河南郑州巩义黄冶遗址出土，现藏于河南博物院。

器物整体造型浑圆饱满，口沿向外翻转成弧形，有三处支烧痕迹。短颈、圆肩，肩部饰有两周非常浅的弦纹，腹部鼓起。器底有三个外撇的兽蹄足，兽蹄足腿短粗，肌肉发达，显得强健有力，凸露的趾爪落地，增强了器物的稳定性。肩部、腹部贴塑花卉和宝相花浮雕图案装饰。贴花工艺呈现出较强的立体感。器物为白陶胎，器身中上部施有浅色黄釉及蓝釉，下部施褐色釉。贴花上施彩釉，釉层聚散薄厚不一，色彩浓淡深浅不同，交错的釉色浸润流淌，色彩艳而不俗，彰显了三彩制品的无穷魅力，诠释了大唐的审美风尚，是唐三彩艺术品中的杰出代表。

位于河南中部的巩义黄冶窑是烧制唐三彩的主要窑址。盛唐、中唐时期，黄冶窑三彩制品进入全面发展的顶峰阶段，胎质坚硬，器型丰富，在装饰手法上除盛行贴花工艺外，又创造出别具特色的刻花、印花、填彩工艺，显示了当时陶塑艺术的最高成就。

10. 花釉花口执壶

名　称：花釉花口执壶
时　期：唐
尺　寸：高 27.5 厘米，口径 6.5 厘米
现藏地：河南博物院

鲁山花瓷是唐代鲁山段店窑生产的一种高温窑变釉瓷器，种类包括黑地白蓝斑、茶叶末地白蓝斑、酱地白蓝斑、黄地白蓝斑等。因唐代南卓著《羯鼓录》载"不是青州石末，即是鲁山花瓷"，故称"鲁山花瓷"。又因其是我国最早的高温窑变釉瓷，又称为"唐钧"。其窑址位于现河南省平顶山市鲁山县梁洼镇段店村。

花釉花口执壶，唐代酒器，高 27.5 厘米，口径 6.5 厘米，1990 年 3 月在河南三门峡供电局工地出土，现藏于河南博物院。

执壶整体造型优雅，喇叭形侈口捏成花口状，细颈、溜肩、圆腹。一双泥条錾衔接口部和肩部，顶端有一圆钮。执壶通体施黑褐色釉，颈部、肩部、腹部有大片的蓝灰或灰白色窑变彩斑，在深色釉的衬托下，格外醒目，有行云流水般的艺术效果。釉不到底，底部露浅褐色胎。

花釉瓷器在我国陶瓷发展史上占有很重要的位置，它开启了我国宋代钧瓷窑变的先河。花釉花口执壶造型优美，属唐代花釉瓷器中的佳品。

11. 白釉瓷多足砚

名　称：白釉瓷多足砚

时　期：唐

尺　寸：口径 25 厘米，高 7 厘米

现藏地：河南博物院

　　早在北魏时期，河南巩义就已经开始烧制白瓷，这是白瓷烧制的萌芽时期。隋代至初唐，巩义窑的白瓷进入成熟期，大量较为粗糙的白瓷制品成为百姓日常生活用品，精美细致的则被作为外贸商品和宫廷贡品。

　　白釉瓷多足砚，唐代文房用品，口径 25 厘米，高 7 厘米，河南郑州巩义孝义镇出土，现藏于河南博物院。

瓷砚整体呈圆盘形，砚堂面略高，中部下凹，堂面与口沿之间绕一周渠状凹槽，用于注水。外壁垂直，壁中部有一周凸起，下附 18 个泥珠形足。砚堂部无釉，周围一圈施白釉，深处泛青色，釉色光亮润泽。此砚造型独特，制作精巧，是巩义窑白瓷的代表作品，为后来的唐青花以及各类白釉彩瓷和色釉瓷的烧制成功奠定了基础。

扫码观看视频

12. 骑马狩猎纹铜镜

名　称：骑马狩猎纹铜镜
时　期：唐
尺　寸：直径 28.5 厘米
现藏地：河南博物院

　　铜镜，就是古代用铜做的镜子，一般制成方形或圆形，其背面铸饰图案，并配钮以穿系，正面则以铅锡磨砺光亮，可清晰照面。

　　骑马狩猎纹铜镜，唐代文物，铜制，直径 28.5 厘米，1963 年在河南周口扶沟出土，现藏于河南博物院。铜镜为八角菱花形，中心有半球形钮，正面略鼓并平滑光亮。铜镜背面工艺复杂，采取满花式构图，运用高浮雕表现手法装饰。整体图案围绕镜钮成环状分布，主题纹饰为骑马狩猎图，四骑士骑在奔驰的马背上，其中一骑士手持长矛刺向面前的熊；再有一骑士左手执弓做追兔状；第三骑士追赶狂奔的野猪，同时又回首转身开弓射兔；最后一骑士执鞭策马，追逐一鹿。骑士与镜钮之间以四座山丘隔开，各山之间饰形态优美的大树，烘托出山林中狩猎的自然环境。镜沿外围装饰一周布局对称的飞鸟、蜜蜂、蝴蝶、蜻蜓图案，另以多株小花卉点缀。纹饰细腻繁冗而充满动感，"风劲角弓鸣，将军猎渭城"的紧张、激烈氛围和宏大场面跃然"镜"上。

宋金元

（960—1368）

宋代是中国陶瓷史上的鼎盛时期。河南是全国的制瓷中心，五大名窑中的钧、汝、官三窑都在河南。官窑林立、民窑四起，异彩纷呈。

　　宋代文化繁荣，世俗文化崛起，文学艺术创作愈发关注平民生活，无论是瓷器的发展，还是杂剧的成熟，都反映了当时的民间生活气息。

北宋东京城平面图

Plan of the Eastern Capital in the Northern Song dynasty

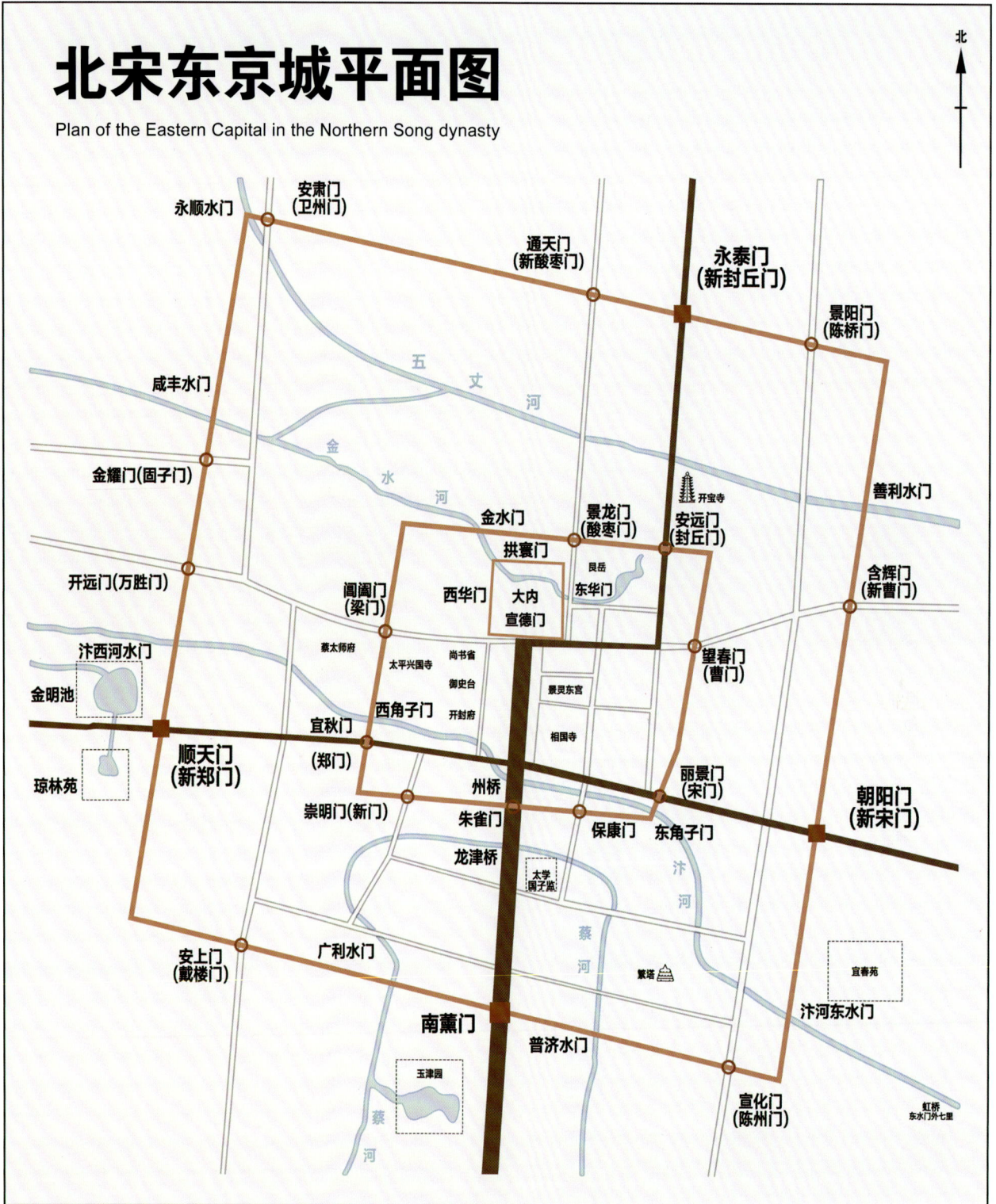

北

永顺水门

安肃门
(卫州门)

通天门
(新酸枣门)

永泰门
(新封丘门)

景阳门
(陈桥门)

咸丰水门

五丈河

金水河

金耀门(固子门)

善利水门

金水门

景龙门
(酸枣门)

开宝寺

安远门
(封丘门)

拱宸门

开远门(万胜门)

阊阖门
(梁门)

西华门

大内
宣德门

艮岳

东华门

含辉门
(新曹门)

汴西河水门

金明池

蔡太师府

太平兴国寺

尚书省
御史台
开封府

景灵东宫

相国寺

望春门
(曹门)

琼林苑

顺天门
(新郑门)

宜秋门
(郑门)

西角子门

州桥

丽景门
(宋门)

朝阳门
(新宋门)

崇明门(新门)

朱雀门

保康门

东角子门

汴河

安上门
(戴楼门)

广利水门

龙津桥

太学
国子监

蔡河

宜春苑

宣春苑

南薰门

普济水门

繁塔

汴河东水门

玉津园

蔡河

宣化门
(陈州门)

虹桥
东水门外七里

扫码观看视频

1. 天蓝釉刻花鹅颈瓶

名　称：天蓝釉刻花鹅颈瓶
时　期：宋
尺　寸：高 19.5 厘米
现藏地：河南博物院

　　在宋代瓷器各类器物造型中，最能体现时代精神的就是造型丰富的瓶类。瓶作为常见陶瓷器，多用于汲水和盛贮液体，在宋代也作插花和陈列装饰之用。

　　汝窑天蓝釉刻花鹅颈瓶，烧制于北宋时期，河南平顶山宝丰清凉寺出土，现藏于河南博物院。瓶高 19.5 厘米，敞口，细长颈，圆腹，圈足，器身曲线流畅。瓶颈部和腹部分别刻有两组若隐若现的折枝莲花纹；表面满施天蓝釉，釉层均匀莹润，开片疏密有致；圈足底部无釉，露出香灰色胎，粘有的细小砂粒表明此器是垫烧而成。汝窑为宋代五大名窑之一，全世界现存御用汝窑器也不过百余件。

　　"雨过天青云破处"，这"似玉非玉"的极简之美、中和之美，连带着不染污泥的莲花穿风尘走日月，携着历史的情怀、理学的歌声，一直传唱到永远……

2. 汝窑天青釉盏托

名　称：汝窑天青釉盏托
时　期：北宋
尺　寸：高 4.3 厘米，盘径 17.6 厘米
现藏地：河南博物院

　　汝窑天青釉盏托，北宋瓷器，用来承茶盏，高 4.3 厘米，盘径 17.6 厘米。1987 年在河南平顶山宝丰清凉寺窑址出土，现藏于河南博物院。

　　盏托整体是一个高圈足的盘，盘中间凸起一个圆台，盏托用于放置杯、盏、碗等，装饰双层覆莲瓣形纹饰；圆台下接盘，盘下是大而高的圈足，圆凸台的台壁一周台面上有似莲蓬一样的凹陷。盏托通体天青色釉，釉色浅淡，匀净光润，釉面有开片，层层开片如同冰裂，十分美丽。此盏托采用垫烧，胎色褐灰，胎质细腻坚致。

　　由于釉层较薄，胎体突出的部位，即圆台上的凸棱、盘沿及盘折沿处，自然就略露胎色。胎体凹陷的部位，即圆台台面的仿莲蓬的凹陷处、凸圆台与折沿盘接缘处，自然就略有积釉，釉色略浓。釉色清淡含蓄，浓淡相宜，不温不火。

3. 白釉剔花瓷梅瓶

名　称：白釉剔花瓷梅瓶
时　期：北宋
尺　寸：通高 35 厘米，口径 6 厘米
现藏地：河南博物院

　　白釉剔花瓷梅瓶，北宋瓷质陈设品，通高 35 厘米，口径 6 厘米，1959 年在河南安阳汤阴出土，现藏于河南博物院。

　　梅瓶整体上宽下窄，圆唇，短直颈，口平、沿外折，腹部下收，平底。制作工艺为：以胎地着白色化妆土，腹部划刻出缠枝牡丹纹样，肩部与腹下部刻菊瓣纹，再将纹样轮廓之外的部分剔除，刀法遒劲，线条流畅，展现出凸起立体感的花卉，表面再施透明釉，入窑烧制完成。在灰褐色胎地的衬托下，凸显出白花有主有次，动态十足，纹饰密布而不碎屑，可谓巧夺天工，是宋金时期当阳峪窑剔花工艺的代表之作。

　　当阳峪窑的制瓷历史，从目前考古发掘的成果来看，推测始烧时期在唐末五代，其兴盛时期是北宋晚期至金元，元末衰落。当阳峪窑遗址位于现河南省焦作市修武县西村乡当阳峪村，主要烧造的作品有白釉、白釉黑彩、黑釉、绞胎、青釉、钧釉、三彩等，装饰技法分绘花、刻花、划花、剔花、印花、贴花、填彩、镂空等多种。

4. 三彩童子傀儡戏枕

名　称：三彩童子傀儡戏枕

时　期：宋

尺　寸：高约 10 厘米，面长约 48 厘米，面宽约 17.5 厘米

现藏地：河南博物院

　　傀儡戏，今称"木偶戏"，是用木偶来表演故事的戏剧，中国传统艺术之一，历史悠久，源于汉，兴于唐，三国时已有偶人可进行杂技表演，隋代则开始用偶人表演故事。

　　三彩童子傀儡戏枕，陶器，宋代文物，高约 10 厘米，面长约 48 厘米，面宽约 17.5 厘米，1976 年在济源勋掌村镇安寺发现，现藏于河南博物院。枕呈长方形，模制而成，胎质坚硬细密，施绿、黄、褐红、黑、白诸色釉。枕面两端各绘折枝白牡丹花饰，中部绘三孩童表演傀儡戏场面：右侧儿童头顶蓄发一撮，两侧挽髻，身

着绿衣白裤，坐于垂柳下的绣墩上，右手执提线木偶；左侧儿童头上无发，身着绿衣黄裤，盘腿坐于地上，背靠围栏，围栏外有水池、莲花，左手提锣，右手拿槌做击锣状；中间儿童头顶蓄发一撮，黑衣白裤立于中间，双手持笛吹奏，左脚抬起，似在踩踏节拍而舞，面前还有两朵小花散落。三人一边操纵木偶，一边奏乐演唱，配合默契，面带笑容，表演和谐愉快，从一定角度诠释了宋代傀儡戏的多姿与普及。枕其余四面，一半露胎，一半饰绿彩底、白色叶、黄色圆点纹。

"万般尽被鬼神戏，看取人间傀儡棚；烦恼自无安脚处，从他鼓笛弄浮生。"宋人讲求文人情趣，崇尚自然，注重质朴。在这种审美风尚的影响下，匠师们往往借描绘儿童的嬉闹场面来寄寓自己的纯真情怀，因此儿童在艺人笔下就具有了特定的神韵。

5. 三彩舍利塔

名　称: 三彩舍利塔
时　期: 北宋
尺　寸: 高 98.5 厘米，底边长 30.5 厘米
现藏地: 河南博物院

　　三彩舍利塔，北宋初年器物，高 98.5 厘米，底边长 30.5 厘米，1966 年在河南省密县（今新密市）老城法海寺塔基地宫出土，现藏于河南博物院。

　　舍利塔为方形密檐式七层宝塔，基座为仿砖石结构的须弥座式。第一层塔身较高，四壁开门，门内置四尊坐佛，塔身外壁贴塑麒麟、天王、力士、宝莲、联珠等图案。第二层塔身檐下前壁处塑置匾牌，上刻"咸平二年四月廿八日记施主仇训" 14 字楷书题记。第二层以上至第七层塔身，高度逐层降低，塔檐平面逐层变窄，塔体表面贴塑坐佛、莲花等装饰图案。各层塔身的中部，分别间隔交错地饰有凹弧形、圆形和尖拱形镂空，似为假窗。各层塔檐上分别塑有仿木构建筑的筒瓦和板瓦。塔刹位于塔顶，由覆钵、相轮、华盖、宝珠依次堆叠组成。

　　塔体以高岭土为胎，分上、下两节烧制后组合而成。塔表釉色十分讲究，基座、塔身的壁地和顶檐各部，多施绿釉；门侧的天王、力士，门额上的麒麟和基座束腰上的伏鹿，以及塔刹和各种图案纹饰，则多施褐色釉和黄色釉，色彩鲜艳，光彩夺目。

　　舍利塔不仅制作讲究，装饰复杂，而且釉色匀称，过渡自然，具有较高的艺术价值。塔身的题记也为我们提供了该塔明确的塑造时间和施主姓名，具有重要的历史价值。再者，从唐三彩至宋三彩发展演变的历史和琉璃装饰技术应用于建筑构件的历史来看，此塔无疑还具有较高的科学价值。

6. 钧窑玫瑰紫葵花瓷盘

名　称：钧窑玫瑰紫葵花瓷盘
时　期：金
尺　寸：高 3.3 厘米，口径 19.5 厘米
现藏地：河南博物院

　　钧窑玫瑰紫葵花瓷盘，金代器物，高 3.3 厘米，口径 19.5 厘米，1976 年在河南南阳方城出土，现藏于河南博物院。瓷盘板沿、葵花口、浅腹、圈足。盘内外施青灰釉，釉面布满开片，有大片的玫瑰紫窑变彩斑，采用钧窑窑变工艺烧制而成。窑变现象是指钧厚釉在高温下熔融流动，发生复杂的交错变化，而使釉色变得绚丽多彩，紫、红、蓝、白交相掩映，给人一种瞬息万变的美的感受。钧窑瓷器主色调除天青、天蓝、月白类外，还有罕见的玫瑰紫、海棠红、玛瑙红、葱绿、豆青等。

　　在一些钧窑瓷器的釉面上常出现不规则的流动状的细线，就像雨后蚯蚓爬过泥土的痕迹，俗称"蚯蚓走泥纹"。这一现象本是因釉料在烧制过程中流动不匀形成的缺陷，但也使人们在观赏钧瓷神奇绝妙的窑变艺术的同时，感受到动与静的完美结合，同时成为钧窑瓷器供人欣赏的主要特征之一。

7. 刻花人物纹瓷盘模

名　称：刻花人物纹瓷盘模
时　期：金
尺　寸：口径 23.2 厘米，高 4 厘米，底径 16 厘米
现藏地：河南博物院

　　印花模具在制瓷上的使用可以追溯到新石器时代早期，因陶器采用泥条盘筑的成形方式等原因，需要借助工具对陶坯进行加工和正形。随着工艺的成熟，秦汉时期，模印工具开始大量应用于陶器制作中，至宋金时期诞生了满印花模具。

　　刻花人物纹瓷盘模，金代手工业工具，制盘模具，口径 23.2 厘米，高 4 厘米，底径 16 厘米，现藏于河南博物院。盘模为正圆形，模面外鼓，满刻纹饰。左侧童子圆额丰颐，头梳刘海，颈佩项链，上身着花肚兜，下穿花裤，赤脚，两手握绳牵鹿；右侧童子衣着相同，背对鹿而立，手持长枝莲蓬做回首状。两童子中间为一鹿，鹿身脖系圆铃，全身饰点状花，背驮莲花，一旗状宽带从画面顶端莲叶下垂出，上有"赵一皿"3 字，另有火焰锦节等装饰。盘模以 10 个波浪扇面为盘壁，盘底口沿有折边，饰曲线纹。

　　盘模是在河南鹤壁集古瓷窑遗址上出土的一件较为完整的制瓷工具，图案构思新颖，刀法圆熟，生动活泼。它的发现为研究当时瓷器烧造工艺和绘画艺术提供了实物例证。

扫码观看视频

8. 端瓶、端盒人物雕砖

名　　称：端瓶、端盒人物雕砖
时　　期：元
尺　　寸：男侍奉俑雕砖高 49.5 厘米，女侍奉俑雕砖高 46.5 厘米
现藏地：河南博物院

　　雕砖是中国古建雕刻艺术品，由东周瓦当、汉代画像砖等发展而来。在青砖上雕出山水、人物等图案，装饰寺庙、民居等的构件和墙面，是古建筑雕刻中重要的艺术形式。

　　侍奉俑雕砖，元代建筑饰件，两件，一男俑，一女俑，1965 年在焦作西冯封村元代墓葬出土，现藏于河南博物院。男侍奉俑雕砖高 49.5 厘米，宽 23 厘米，厚约 13 厘米，头顶梳锥髻，面部表情严肃，五官刻画精细，穿窄袖方领长袍，腰扎布带，于腰正中结扣，袍下露两足微分，左手端带柄瓷瓶（执壶），右手小心翼翼地扶着瓶腹，左侧身注视着，似在虔诚地侍奉主人。女侍奉俑雕砖高 46.5 厘米，模制，头梳双髻，内着左衽短襦，外罩窄袖对襟长衫，下着裙，面容温文尔雅，双手捧盒做侍奉状。男、女侍俑应是嵌在墓葬甬道两侧的大型俑，造型生动逼真，线条刻画精致，体现了宋元时期中原工匠高超的技艺。

　　"萋萋芳草春云乱，愁在夕阳中。短亭别酒，平湖画舫，垂柳骄骢（cōng）。一声啼鸟，一番夜雨，一阵东风。桃花吹尽，佳人何在，门掩残红。"

扫码观看视频

9. "清净道德"瓷盆

名　　称："清净道德"瓷盆

时　　期：元

尺　　寸：口径 40.8 厘米，深 13.5 厘米

现藏地：平顶山博物馆

　　白釉黑彩又称"白地黑花""白地黑彩"，是宋元时期特有的装饰技法之一，用中国传统水墨画技法将图案绘制在瓷器上，产生浓郁醇厚的民间生活气息。

　　"清净道德"瓷盆，口径 40.8 厘米，深 13.5 厘米，元代，产自河南平顶山鲁山段店窑，现藏于平顶山博物馆。瓷盆敞口平底，用毛笔蘸褐铁矿石釉料在白色盆壁上绘三周弦纹，弦纹下绘两组对称花草纹，生动夸张，盆底墨书"清净道德"四字，笔法简练流畅，挥洒自如。"清净"指心境平和，"道"指万法之源，"德"指顺应自然规律，表达作器者对美好生活的向往，同时体现了其高超的书法和绘画艺术水平。

　　《淮南子·原道训》中有云："白是空，白是无。"那么白地黑花便是一种单色装饰，在最简单朴实的单色中体现出五彩缤纷的世间万物，以"无色"胜"有色"。这正是对艺术生活化、生活艺术化的生动诠释。

明清

（1368—1911）

明清时期，农业和手工业生产水平的提高、商业的繁荣，直接影响和推进了工艺美术的发展。全国的能工巧匠荟萃，生产出大量质地精良、精美绝伦的工艺珍品。

1. 云龙纹玉壶春瓶

名　称：云龙纹玉壶春瓶
时　期：明
尺　寸：通高 40 厘米，口径 10 厘米
现藏地：河南博物院

　　玉壶春瓶，因宋人诗句"玉壶先春"而得名，多为酒器。其造型由唐代寺院里的净水瓶演变而来，后历经宋、元、明、清、民国直至现代，逐渐演变为观赏性的陈设器，是中国瓷器造型中的一种典型器型。

　　青花云龙纹玉壶春瓶，明初青花瓷，通高 40 厘米，口径 10 厘米，1958 年，河南郑州荥阳贾峪镇楚村明周惠王墓出土，现藏于河南博物院。器物侈口，细颈，溜肩，圈足，曲线流畅，楚楚动人。器物通体施满釉，釉下用苏麻离青料绘云龙纹图案。龙首高昂，小头细颈，双目圆睁，身有鳞，背有鳍，肘部有肘毛三条，爪为五趾，呈抓状，龙首与龙尾相应，缠绕器身，呈迎风肆意飞扬状，凶猛威武。分布于器口、颈部、器腹及圈足的如意状云纹衬托腾龙，动感极强。整个画面构图有致，笔法流利酣畅。

　　瓷器是中国艺术宝库中特有的艺术门类和审美对象。明清彩瓷是我国几千年来瓷器艺术的总结，它在以往制瓷基础上有了很大的发展，达到了历史的最高水准，创造了色彩斑斓的瓷艺世界。

233

2. 青花把莲盘

名　　称：青花把莲盘

时　　期：明

尺　　寸：口径 34.7 厘米，高 6.4 厘米

现藏地：河南博物院

　　莲花是中国的传统纹样，寓有出淤泥而不染的含义。"把莲"又称"束莲"，是我国传统青花瓷中最常见、最具特色的装饰纹样，最早出现于元代，到了明清时期，在官窑和民窑青花瓷中比比皆是。

　　青花把莲盘，明代宣德年间青花瓷，口径 34.7 厘米，高 6.4 厘米，现藏于河南博物院。瓷盘敞口，浅腹，平底圈足。内壁一周绘 13 朵缠枝四季花卉，边沿绘青花海水纹。盘内底以青花绘莲花、莲蓬、莲叶及其他水生植物，用缎带束扎成把，谐音"清廉"，有清正廉明之意。外壁一周绘 14 朵青花缠枝四季花卉，边沿绘青花回纹和卷草纹。盘内外施白釉闪青色，足内露胎，有火石红斑。瓷盘造型端庄大方，釉质精细，青花色泽浓艳，晕染明显，苏麻离青中的黑褐色结晶斑清晰可见，绘画风格秀丽典雅，是明景德镇宣德青花中的精品。

　　陶瓷艺术是一门造型艺术，是人类利用泥土与火赋予物质的伟大创造，透过青花把莲盘这一特殊的文明载体，我们看到了中国陶瓷文明的丰厚外延，它独特的艺术成就，至今仍值得我们总结与继承。

白翁真蹟

宣統丙辰
劉濤瀛

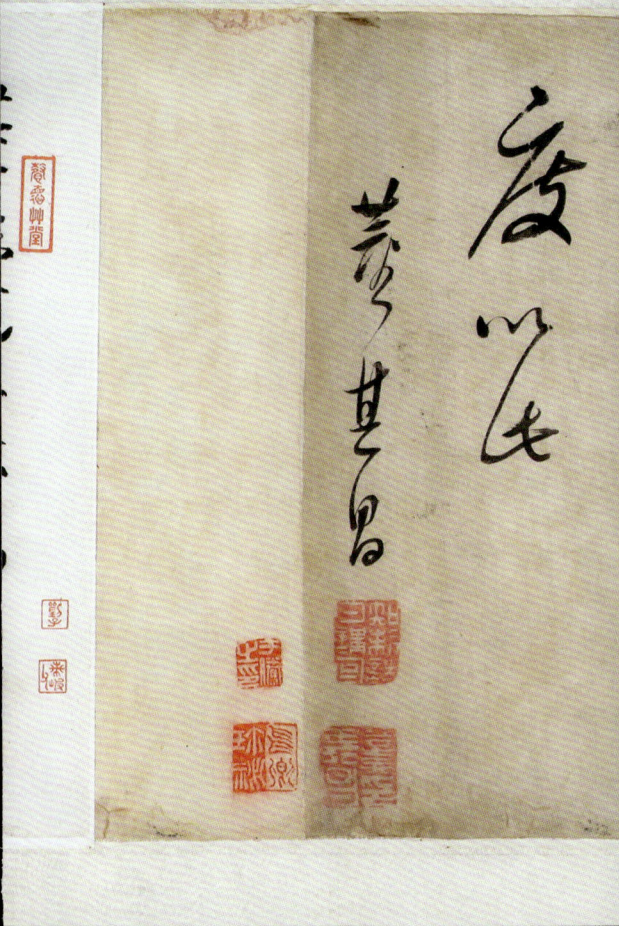

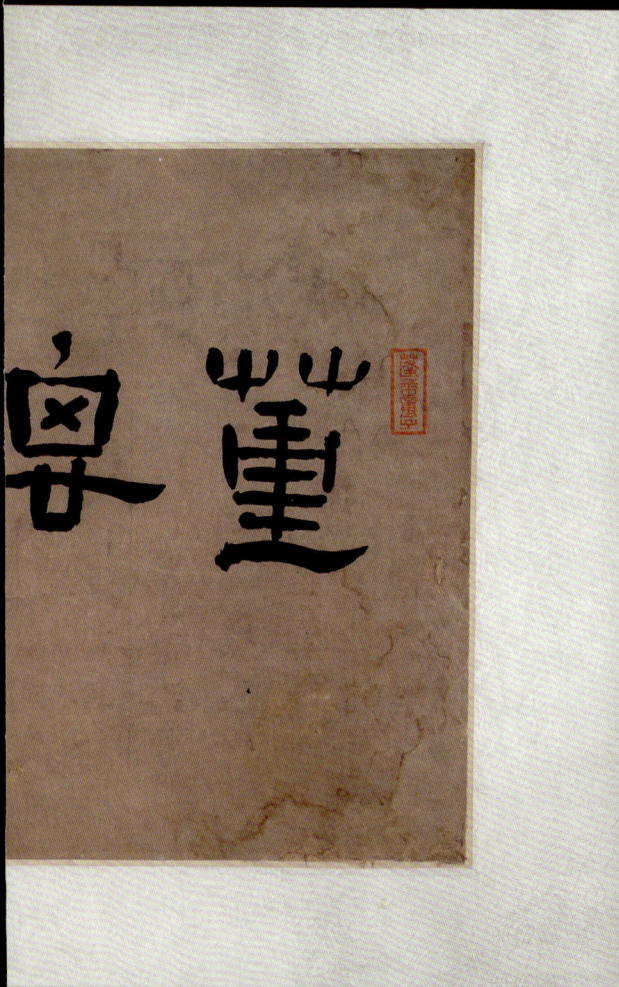

3. 董其昌行书卷

名　称：董其昌行书卷
时　期：明
尺　寸：长 460 厘米，高 24 厘米
现藏地：河南博物院

　　董其昌（1555 － 1636），字玄宰，今上海人，明代著名书画家，善于山水画，笔致清秀中和，用墨明洁隽朗，为"华亭画派"杰出代表，兼有"颜骨赵姿"之美。

　　董其昌行书卷，长 460 厘米，高 24 厘米，为董其昌颂古杂文，现藏于河南博物院。长卷为绫底，79 行竖行行书体，满行 6 字，共计 359 字。前题 13 字："董思白翁真迹，宣统丙辰刘涛题。"卷尾跋语 182 字，内容为刘涛于 1916 年仲秋为此卷题跋论董书的师承关系、发展情况及董书的特点。

摘录部分书卷内容为："吾衍子行述书室中修行法（录自遵生八笺）：修行法，心闲手懒，则观法帖，以其可逐字放置也；手闲心懒则治迂事，以其可作止也；心手俱闲，则写字作诗文，以其可以兼济也；心手俱懒，则坐睡，以其不强役于神也；心不定，宜看诗及杂短故事，以其易见意不滞于久也；心闲无事，宜看长篇文字，或经注，或史传、古人文集。此又其宜于风雨之际及寒夜也。又曰：'心闲手冗则思，心冗手闲则卧，手心俱闲，则著书作字，心手俱冗，则思早毕其事，以宁吾神。'"

　　自卷首依次有印鉴8个：1.葵阪父；2.涛；3.三赏斋；4.于滕之印；5.郎庵；6.徐氏家藏；7.知制诰讲官；8.董其昌印。

　　"古墨轻磨满几香，砚池新浴灿生光。"董其昌是明清以来影响最大的一位书画家兼书画理论家，他的书法艺术自成一体，影响深远直至清代以后。这一行书手卷笔画圆劲秀逸，章法布局疏朗匀称，力求古法，体现出了董其昌行书平淡古朴、潇洒俊逸、行气连缀的书法特色。

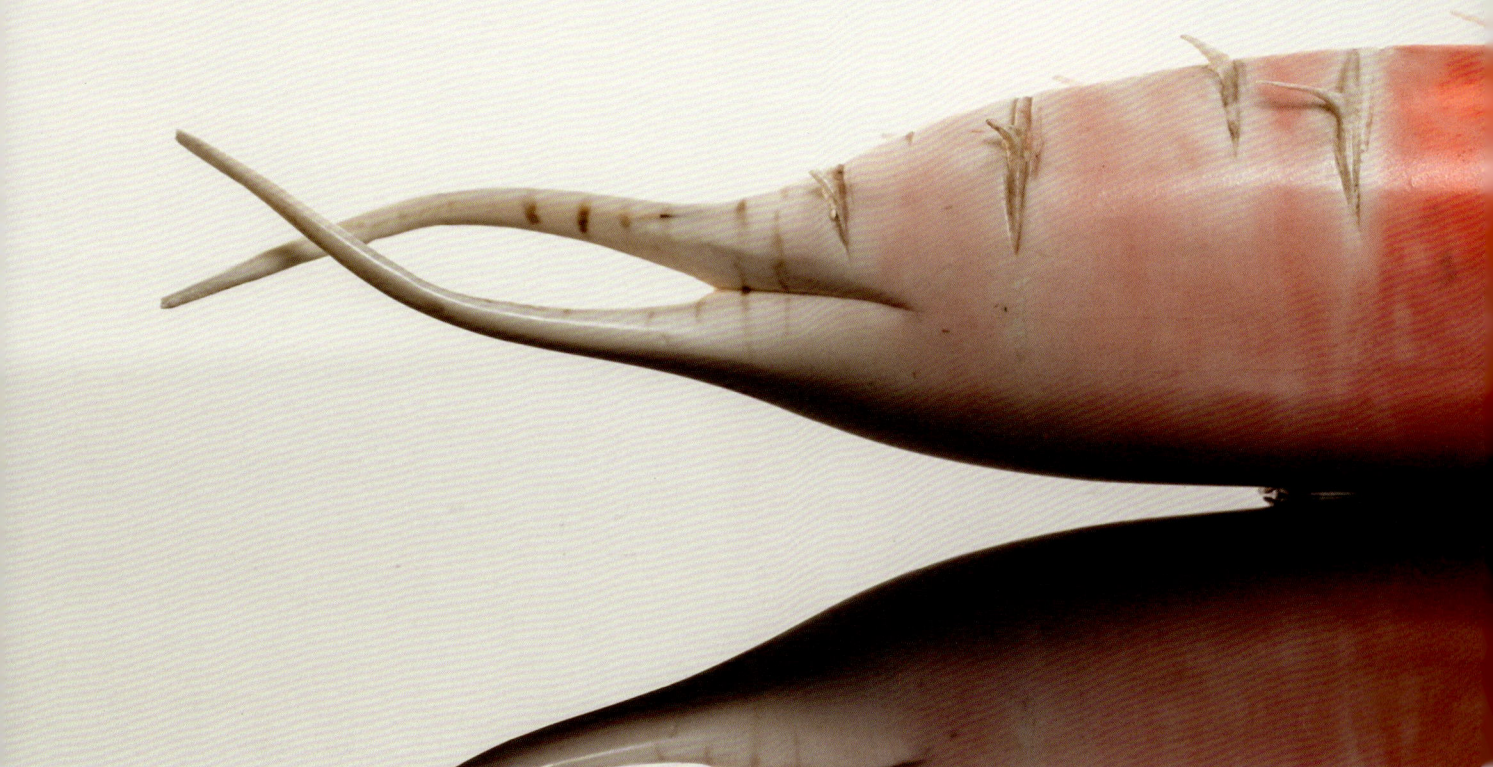

4. 清代象牙萝卜

扫码观看视频

名　称：清代象牙萝卜

时　期：清

尺　寸：长 27 厘米

现藏地：河南博物院

　　中国牙雕起源甚早，距今约 7000 年的河姆渡文化遗址中就出土有象牙雕刻制品，商代以后牙雕制品更是层出不穷，唐宋时期出现了新的雕琢技艺，牙雕制品的种类也愈发多样化，到明清时期达到鼎盛。

　　象牙萝卜，清代文物，长 27 厘米，重 165 克，现藏于河南博物院。主体色彩以牙白为主，向水红渐变，在萝卜缨翠绿叶片与红色叶脉相互映衬下，器物整体格外自然逼真。雕刻脉络清晰，生机盎然。萝卜的两条主

根自然弯曲，九条须根上带有褐色泥土，似乎刚从泥土中挖出，新鲜水灵之意扑面袭来。绿缨与萝卜主体的结合部位，趴伏着一只翠色蝈蝈。蝈蝈双腿弯曲，正贪婪地汲取汁水，似乎又怕自己被意外袭扰呈警惕之状，其腿上的绒毛清晰可见，不仅形似，而且神似，足以乱真，增加了造物情趣。

这件清代象牙萝卜时至今日光鲜依旧，没有丝毫褪色，令观者叹为观止。它有着怎样的坎坷身世已不为人知，但精彩的染色与精湛的雕工为世人呈现出一幅盛夏午后田园生活的情趣画卷，令人心醉，令人向往。

5. 拟山园帖

名　称：拟山园帖
时　期：清
现藏地：河南洛阳孟津王铎旧居

　　王铎，明末清初著名书法家、画家，河南洛阳孟津人，世称王孟津，真、草、隶、篆无所不能，被誉为"神笔王铎"。王铎书法用笔，出规入矩，张弛有度，最擅长行草，笔法大气，劲健洒脱。他的书迹传世较多，不少法帖、尺牍、题词均有刻石，其中最有名的是《拟山园帖》和《琅华馆帖》。

　　《拟山园帖》是王铎次子王无咎在其父去世后，广泛收集其父的作品，经过整理、编排，由清代吕昌以双勾临摹于石上，张翱镌刻而成的作品。全帖共 10 卷，分为 10 册，79 帖，1.8 万余字，刻石 90 块，于 1651 年（顺治八年）开始，至 1659 年（顺治十六年）5 月 28 日完成。每块石高 0.85 米，宽 0.35 米，现存于河南洛阳孟津王铎旧居。

　　《拟山园帖》全刻为王铎一家之书，内容主要是临摹古人的法帖，如王羲之、王献之、沈约、欧阳询、柳公权等；书写李白、杜甫等人的诗作；还有自己撰写的诗文、书礼、题跋。字体涵盖隶书、楷书、行书、草书等。帖后有张缙彦、王无咎、龚鼎孳题跋。

　　王铎因在明亡之后降清，在气节上颇多可疵之处，故许多人对他的人品常有微词。但其书法在日本、韩国、新加坡等地深受欢迎。日本人对王铎的书法极其欣赏，还因此衍生成一派别，称为"明清调"。他的《拟山园帖》传入日本，曾轰动一时。他们把王铎列为第一流的书法家，提出了"后王（王铎）胜先王（王羲之）"的看法。

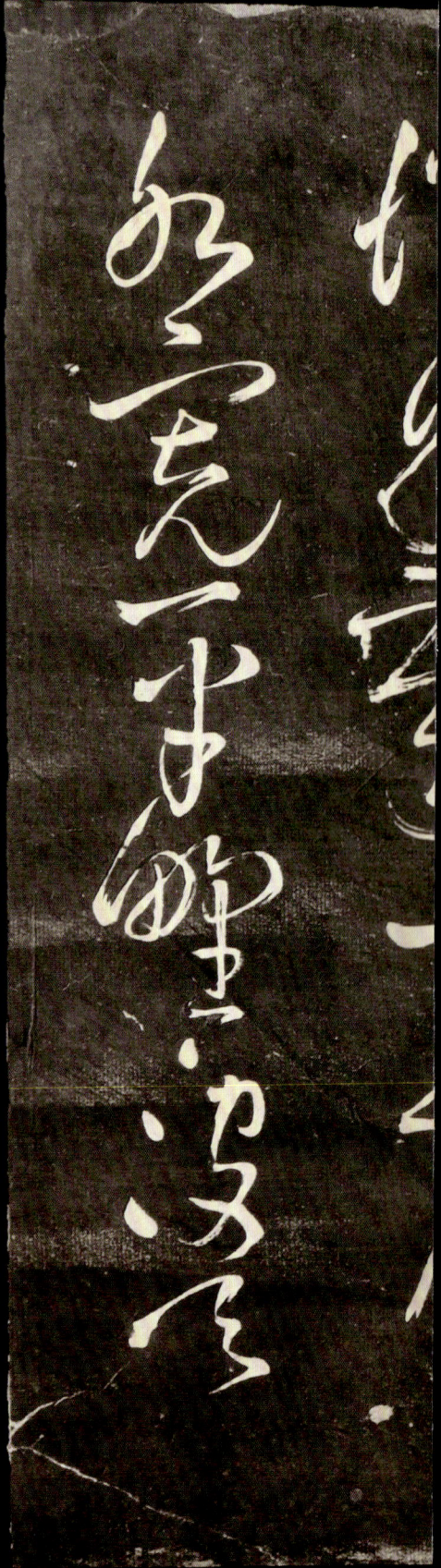

非賀及兄初

屯嶺澤重

平及悵言極

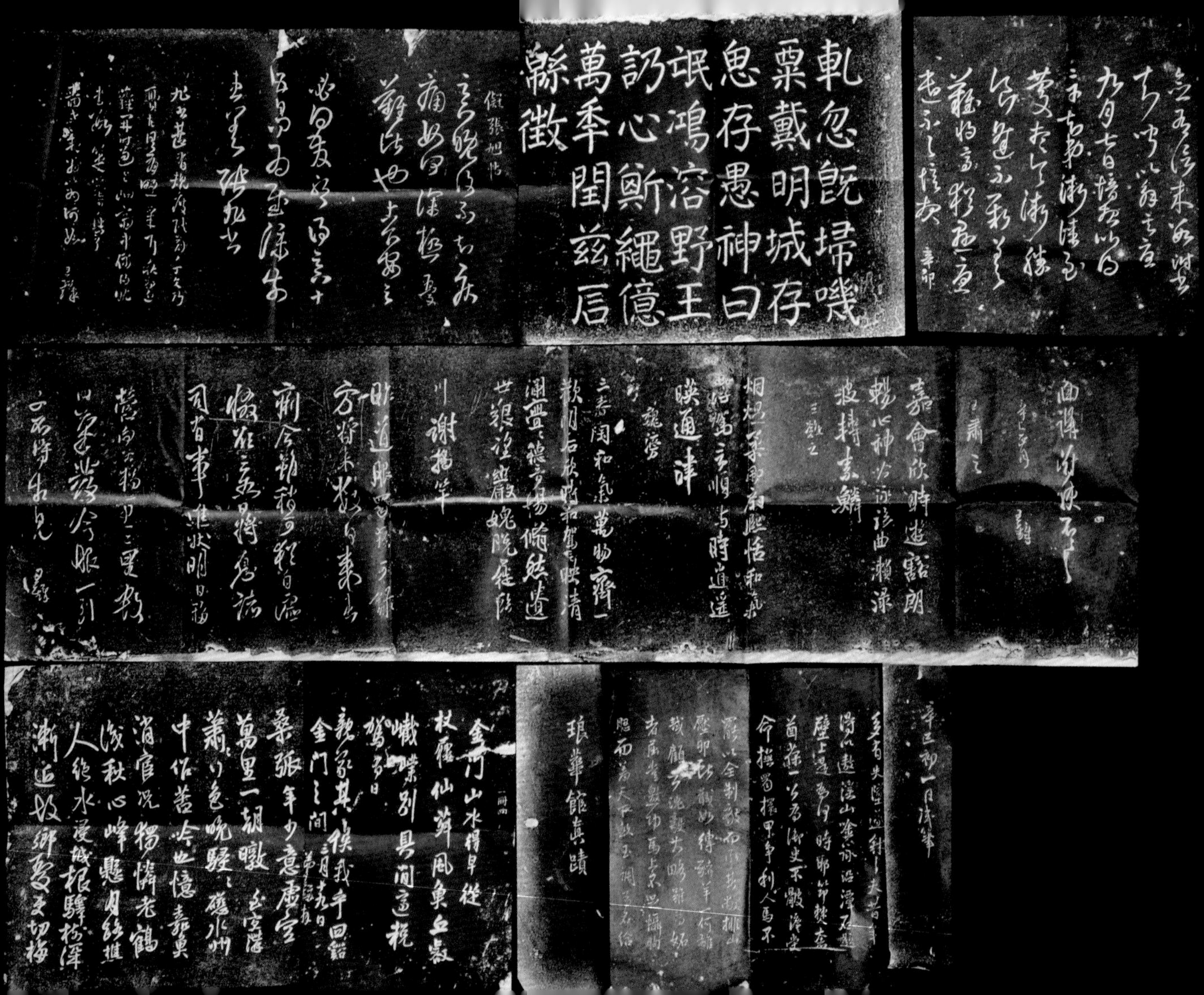
倣張旭帖
軌忽既帰餞
粟戴明城存
息存愚神曰
泯鴻溶野王
訒心斷纆億
萬季閏兹后
繇徵
琅華館真蹟

6. 琅华馆帖

名　称：琅华馆帖
时　期：清
现藏地：河南省洛阳洛宁县文物管理处

　　《琅华馆帖》是汇集王铎、张鼎延等人书法作品的一部刻帖，于 1651 年由张翱镌刻，1958 年河南洛阳洛宁发现，原石保存完好，现存于河南省洛阳洛宁县文物管理处，是王铎书法刻帖中的珍品。

　　《琅华馆帖》刻石为汉白玉材质，共 12 块，有字者为 21 面，分 2 册，共 6130 余字。内容包括五类，一是记叙、赞颂张鼎延父亲张论生平、功绩的文章诗作；二是王铎写给亲家张鼎延的信札；三是王铎与张鼎延互相奉和的诗文；四是张鼎延一家赞咏金门山的诗文与记事；五是王铎题写的《琅华馆帖跋》。《琅华馆帖跋》共收录书法作品 35 件，包括王铎作品 26 件，多为罕见刻帖，几组作品风格不一，变化自如，欹侧跌宕，弥足珍贵；张鼎延作品 5 件，书作中和秀逸，古雅自然；张琯作品 1 件、张璿作品 2 件，二人书法则以小楷为见，前者端庄雅致，后者古朴圆厚；另有张缙彦作品 1 件。刻帖涵盖草书、行书、楷书等诸多书体，是我国书法宝库中的珍品。

克佗呂上匪拘樒縉豐等於親曰卣步能無言苗可小緊啾足我流判
咸崇堅貂棘憑翳城餘公是咸育鄙而蹤論詰裔婾費我老呂𦤏㳬也
鼓墉呂具巖憑呂土醸出賦之是哉快枋寇我虜況一獨幼知小鄉鄉
鐸戎塹四巖肇刈埠若者出逢夫中心口即能中保嘗輕性大人諾人
偵器佗隅峙敏畚甋于獨肴也鄉丞於一虜城丞及不惜命事不曰咸

张鼎延与王铎是同年进士，又是同乡，且一同在朝做官。王铎次女王相许配于张鼎延次子张璿，亡故时年仅 16 岁，尚未出嫁。尽管两家并不是真正的亲家，但是在《琅华馆帖》中，王铎和张鼎延的往来诗文书信都以亲家互称，言辞之间十分亲密。

从《琅华馆帖》来看，碑刻的字体功力遒劲而细腻，清晰而自然，逼真地保持了原书的风貌，这样高超的刻工技艺和王铎的书法艺术相得益彰，共同构成一套非常珍贵的书法碑刻佳品。